W0339534

Helmut Pirc

Taschenatlas
Ziergehölze schneiden

57 Farbfotos
121 Zeichnungen

Ulmer

Vorwort

Für viele Gartenbesitzer ist der Gehölzschnitt die schwierigste aller Gartenarbeiten. Das mag wohl der Grund dafür sein, dass sich Gartenfreunde oft damit begnügen, wahllos an den Pflanzen herum zu schneiden. Nicht selten werden die Sträucher deshalb einfach radikal eingekürzt oder ganz verstümmelt.

Schnitt und Formgebung zählen zu den wichtigsten praktischen Fähigkeiten, die jeder Gärtner beherrschen sollte. Leider zeigt uns die Praxis mitunter gerade das Gegenteil. Dabei kann das Schneiden von Gehölzen eine der erfolgversprechendsten Gartenarbeiten sein, bedenkt man, dass sich bei sachgemäßer Ausführung die Pflanzen prächtig entfalten, üppig blühen oder mit reichem Fruchtbehang schmücken. Auch wenn es vorweg kompliziert erscheinen mag, im Grunde genommen ist das Schneiden von Gehölzen nicht wesentlich schwieriger als andere Gartenarbeiten. Voraussetzung dafür ist neben einem gesunden Menschenverstand auch eine aufmerksame Beobachtungsgabe.

Bevor man eine Pflanze schneidet, sollte man sie als Ganzes in Augenschein nehmen. Die Kenntnis einiger spezifischer Eigenschaften der verschiedenen Pflanzen ist notwendig. Hat man das einmal verstanden und berücksichtigt, wie die Pflanzen auf unsere Eingriffe reagieren, dann werden die entsprechenden Schnittmaßnahmen auch den gewünschten Erfolg mit sich bringen.

Wien, im Sommer 2009
Helmut Pirc

Inhaltsverzeichnis

Grundlagen

In diesem Kapitel finden Sie sowohl die botanischen Grundlagen für das Wachstum Ihrer Pflanzen als auch die wichtigsten Grundsätze zum Gehölzschnitt.

Wie Pflanzen wachsen

Pflanzen benötigen neben angemessenen klimatischen Bedingungen vor allem Licht, Wasser und Nährstoffe, damit sie gedeihen können. Bei der Fotosynthese wird in den Blättern mit Hilfe des Sonnenlichts aus Wasser und Kohlendioxid Zucker und Stärke gebildet. Diese Reservestoffe ermöglichen der Pflanze Wurzeln, Triebe, Blätter, Blüten und Früchte zu entwickeln.

Es gibt noch eine Reihe weiterer Anpassungen an spezifische Lebensbedingungen. Zum Beispiel wachsen Pflanzen dem Sonnenlicht entgegen und verzweigen sich dergestalt, dass der größtmögliche Anteil der Blattfläche dem Licht zugewandt und somit eine maximale Fotosyntheseleistung gewährleistet ist. Auch die Wurzeln breiten sich so im Erdboden aus, dass die Standfestigkeit gewährleistet und die Aufnahme von Wasser und Nährstoffen optimiert ist.

Der größtmögliche Anteil der Blattfläche ist dem Sonnenlicht zugewandt und gewährleistet somit eine maximale Fotosyntheseleistung.

Der Aufbau der Pflanze

Alle Pflanzen bestehen aus oberirdischen Organen (das sind Triebe, Blätter, Blüten und Früchte) sowie unterirdischen Organen, den Wurzeln. Bei Gehölzen, also Bäumen und Sträuchern, sind die oberirdischen Pflanzenteile verholzt, bei Bäumen unterteilt man sie noch in Stamm und Krone.

Jeder Teil der Pflanze erfüllt bestimmte Aufgaben: Aus den Blüten entwickeln sich Früchte bzw. Samen, welche den Fortbestand der Pflanzenart sichern. Die Blätter dienen als Kraftwerke, in denen energiereiche Reservestoffe produziert werden. Der Transport der frisch gebildeten Fotosyntheseprodukte erfolgt in der Sprossachse von oben nach unten: Sie fließen in der Bastschicht von den Blättern zu den Wurzeln. Die eingelagerten Reservestoffe, Wasser und Wachstumshormone werden dagegen im Splintholz von unten nach oben zu den Knospen und Blättern transportiert. Dieser in zwei unterschiedlichen Schichten getrennt verlaufende Transport wird als Saftstrom bezeichnet.

Während der Ruheperiode im Winter sind die Reservestoffe festgelegt. Mit Beginn der Wachstumsphase im Frühjahr werden sie mobilisiert und gemeinsam mit den Wachstumshormonen im aufsteigenden Wasserstrom zu den Orten des Bedarfs transportiert. Da dieser Transport aktiv erfolgt und der aufsteigende Saftstrom unter Druck steht, spricht man von „Saftdruck". Schneidet man zum Beispiel im Spätwinter bei einer Birke Zweige

Zu den Organen der Pflanze gehören die Wurzeln mit den Faserwurzeln, der Stängel, dessen ältere Teile verholzt und braun sind, und die Seitentriebe mit Blättern und Knospen sowie der End- oder Terminalknospe.

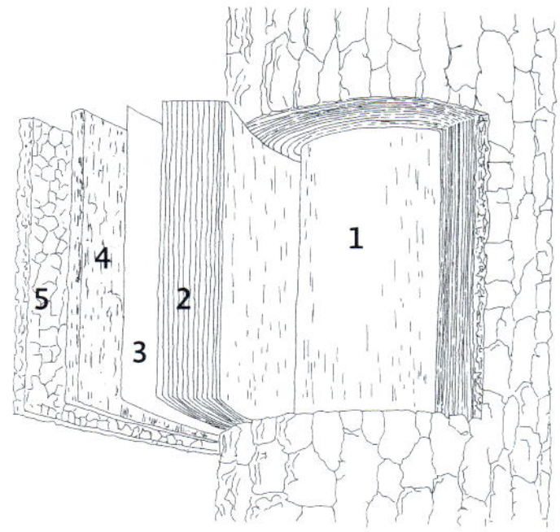

Die einzelnen Schichten des Stammquerschnitts von innen nach außen:
Das **Kernholz** (1) ist die stützende Säule des Baums.
Im **Splintholz** (2) wird das Wasser mit den Nährstoffen von den Wurzeln in die Krone transportiert.
Das **Kambium** (3) die dünne Zellschicht zwischen Rinde und Holz, besteht aus teilungsfähigem Gewebe. Hier findet das Wachstum des Stamms statt.
Im **Bast** (4) werden die Assimilate von den Blättern zu den übrigen Organen transportiert.
Die **Borke** (5) oder äußere Rinde besteht aus abgestorbenen Zellen und schützt den Stamm.

ab, so wird die Schnittstelle tagelang „bluten“, das heißt, der unter Druck stehende Saft(strom) tritt aus.

Die Wachstumsschicht

Das Kambium ist eine Wachstumsschicht mit teilungsfähigen Zellen, das im Sprossquerschnitt im äußeren Bereich ringförmig angelegt ist. Nach innen hin bildet es das Splintholz mit den Leitbündeln. Daraus entsteht später das Kernholz, das ausschließlich Gerüst- und Stützfunktionen hat. Nach außen hin gibt das Kambium neues Gewebe, die so genannte Bastschicht, ab. Damit ist das Kambium für das Dickenwachstum der Gehölze verantwortlich, welches insbesondere bei den Stämmen der Bäume zu beobachten ist. Aus den älteren Bastschichten entsteht die Rinde, die Triebe und Stamm schützt.

Bei Verletzung der Triebe wird die Wunde von dieser Wachstumsschicht, dem Kambium, geheilt, indem sie von den Rändern ausgehend die Wunde verschließt. Bei großen Wunden kann dieser Vorgang mitunter Jahre dauern. Auch bei der Veredlung von Pflanzen ist das Kambium besonders wichtig, da von hier aus die Verwachsung der Unterlage mit dem Edelreis erfolgt.

Die Wurzeln haben im Wesentlichen zwei Aufgaben: Sie müssen die Pflanze so im Boden verankern, dass sie auch starke Winde unbeschadet übersteht, und sind darüber hinaus für die Aufnahme von Wasser und Nährstoffen verantwortlich. Jeder Teil der Wurzel versorgt einen bestimmten Teil des oberirdischen Triebs und wird im Ausgleich dazu von diesem mit Reservestoffen beliefert. Kränkelt ein Kronenteil oder stirbt dieser sogar ab, dann ist dies meist auf eine Schädigung des Wurzelsystems zurückzuführen, wie dies beispielsweise bei Grabungsarbeiten oder anderen Baumaßnahmen im Wurzelbereich geschehen kann. Eine verletzte Wurzel ist nicht mehr gegen das Eindringen von Krankheitserregern geschützt. Dies verkürzt nicht nur die Lebensdauer der Bäume, sondern stellt auch eine Gefahr für die Standsicherheit dar.

Lebenszyklen und Reproduktion

Jede Pflanze ist danach bestrebt, sich zur vollen Reife zu entwickeln. Letztendlich ist es das Hauptziel eines jeden Lebewesens, sich zu reproduzieren, also für Nachkommen zu sorgen. Dies erfolgt bei den Pflanzen in der Regel durch die Bildung von Samen. Bei einigen Pflanzen ist dieser Lebenszyklus sehr rasch, oft schon innerhalb einer Vegetationsperiode abgeschlossen und die Pflanzen sterben dann ab. Diese Pflanzen werden als einjährig bezeichnet. Die verholzenden Pflanzen dagegen, die wie Sträucher mehrere Jahre oder wie Bäume gar Jahrzehnte blühen und fruchten, benötigen länger, um zur vollen Reife zu gelangen. Dafür haben sie den Vorteil, sich mehrfach reproduzieren zu können.

Pflanzen verfügen über die Fähigkeit, die Struktur und Funktion ihrer Zellen über einen langen Zeitraum hinweg an bestimmte Situationen anzupassen und zu modifizieren. Auf diese Weise sind sie unter geeigneten Bedingungen auch in der Lage, sich ungeschlechtlich zu vermehren. Darunter versteht man, dass sich genetisch gleichartige Nachkommen aus abgelösten Pflanzenteilen wie Ausläufer, Teile von Wurzelstöcken, Stecklinge, Steckhölzer usw. entwickeln können.

Orte des Wachstums

Für das Wachstum der verholzten Pflanzen sind zwei Bereiche mit intensiver Zellvermehrung verantwortlich. Dazu gehört einerseits das schon erwähnte Kambium. Andererseits sind Bereiche mit hoher Zellaktivität die Sprossspitzen, die Seitenknospen und die Wurzelspitzen, allesamt Vegetationspunkte, die für das Streckungswachstum verantwortlich sind. Die End- oder Terminalknospe dominiert bei allen jungen Gehölzen gegenüber den Seitenknospen. Aus ihr entwickelt sich die Hauptachse, auch Leittrieb genannt. Die Seitenknospen werden erst dann aktiviert und beginnen Triebe auszubilden, wenn sich die Wachstumsspitze am Leittrieb ausreichend entwickelt und weit genug entfernt hat. Nur wenn die Endknospe beschädigt oder abgestorben ist, wächst der nächstgelegene Seitentrieb meist kräftig und übernimmt deren Funktion.

Bei den Bäumen bleibt die Dominanz der Endknospe zeitlebens erhalten, Sträucher hingegen verzweigen sich jedoch alsbald je nach der Gehölzart basiton, mesoton oder epiton.

Anpassungen an kalte Temperaturen

Damit Gehölze Jahr für Jahr unter unseren Klimabedingungen überleben können, müssen sie ein kälteresistentes Gewebe bilden, das auch den tiefen Temperaturen im Winter widerstehen kann. Das betrifft insbesondere die Kambium- und Bastschicht. In diese werden Substanzen eingelagert, die wie Frostschutzmittel wirken und eine Zerstörung des Gewebes bei Minusgraden verhindern. Bei sehr großer Kälte kann es schon mal passieren, dass insbesondere die jungen Triebe einiger Sträucher oder Bäume erfrieren. In der Regel regenerieren sich diese aber im kommenden Frühjahr gut, indem die Knospen der verholzten Basis austreiben und neue Triebe entwickeln.

Eine weitere Anpassung sommergrüner Gehölze an die kalte Jahreszeit besteht darin, dass sie sich ihrer empfindlichsten Organe, den Blättern, am Ende der Vegetationsperiode entledigen. Immergrüne Gehölze behalten ihre Blätter auch den Winter über, jedoch ist deren Stoffwechsel auf ein Minimum reduziert. Trotzdem verdunsten sie an wärmeren bzw. frostfreien Tagen Wasser. Deshalb ist es besonders wichtig, dass diese Gehölze im Herbst ausreichend gewässert werden.

Triebformen, Knospen und Blütenbildung

Gehölze bauen ihr Ast- und Zweiggerüst im Laufe der Zeit sukzessive auf, sodass immer gleichzeitig diesjährige, vorjährige und mehrjährige Triebe vorhanden sind. Das Alter dieser Triebe lässt sich bei genauerer Betrachtung gut erkennen und spielt eine wesentliche Rolle bei der fachlich richtigen Durchführung der Schnittarbeiten. Dies ist deshalb von großer Wichtigkeit, da die Blütenbildung je nach Gehölzart an dies-, vor- oder mehrjährigen Trieben erfolgt.

Lang- und Kurztriebe

Das Gerüst der Gehölze wird im Wesentlichen von sogenannten Langtrieben aufgebaut. Dies sind Triebe, die in der Regel ein starkes Längenwachstum aufweisen und in mehr oder weniger großen Abständen Knospen oder Seitentriebe ausbilden.

Ist das Längenwachstum der Seitentriebe stark begrenzt, so bezeichnet man diese als Kurztriebe. Bei den meisten Gehölzarten gibt es alle Übergänge von Lang- und Kurztrieben, wobei mit zunehmendem Alter die Bildung von Kurztrieben meist zunimmt. An den Kurztrieben entwickeln sich Blätter (Fächerblattbaum) oder Blütenknospen (Bukettriebe der Kirsche).

1) Langtriebe werden vorwiegend an jungen Bäumen und Sträuchern gebildet (*Acer platanoides*). 2) Kurztriebe entwickeln sich überwiegend an den Kronen älterer Bäume. Bei zahlreichen Arten wie zum Beispiel bei Kirschen werden Blütenknospen ausschließlich an Kurztrieben angelegt. 3) Beim Ginkgo sind die Kurztriebe stark gestaucht und viele Jahre hindurch funktionsfähig.

Bei einigen Gehölzarten verdornen die Kurztriebe an der Spitze, beispielsweise beim Sanddorn.

Knospenstellung

Bei sommergrünen Laubgehölzen wird im Winter die Knospenstellung recht gut sichtbar. Sind die Knospen abwechselnd an der linken und rechten Zweigseite angeordnet, so spricht man von wechselständig bzw. zweizeilig angeordneten Knospen, wie zum Beispiel bei der Ulme. Wenn sie unregelmäßig um den Zweig angeordnet sind, wie bei vielen Rosengewächsen (Kirsche, Eberesche etc.) oder bei Eichen, so spricht man von spiraliger Knospenstellung; diese kommt am häufigsten vor. Eine gegenständige Knospenanordnung findet man bei Ahornen, Eschen, Flieder oder Hartriegelarten; hier sitzen immer zwei Knospen gegenüber am Zweig. Selten kommt die quirlständige Knospenstellung vor, wobei jeweils drei Knospen in gleicher Höhe angeordnet sind (Trompetenbaum).

Blatt- und Blütenknospen

Bei den Knospen unterscheidet man Blattknospen und Blütenknospen. Die Blattknospen sind meist kleiner und schlank, während die Blütenknospen meist größer, rundlich und dick sind. Es gibt aber auch einige Gehölzarten wie beispielsweise den Wolligen Schneeball, dessen Knospen keine Knospenschuppen besitzen.

Blütenbildung

Grundsätzlich unterscheiden sich Gehölze bei der Blütenbildung darin, dass sie bereits im Vorjahr oder erst im Laufe der Vegetationsperiode Blüten anlegen.

1. Die Blütenknospen werden bereits im Herbst des Vorjahres angelegt. Dazu zählen die meisten Gehölze, die im Frühjahr blühen, meist sogar, bevor sich die Blätter entwickelt haben.

a) Die Blütenknospen sitzen in der Regel auf der ganzen Länge der vorjährigen Sprosse. Die Blüten entwickeln sich unmittelbar aus den Blütenknospen (Forsythien).

b) Die Blütenknospe sitzt an der Spitze der vorjährigen Triebe oder nächstfolgenden Seitenknospen (Gemeiner Flieder).

c) Die Blüten entwickeln sich an Kurz-

Auch beim Flieder entstehen die Blütenknospen bereits im Vorjahr an den Enden der Zweige.

Bei der Forsythie und vielen anderen Arten werden die Blüten an den vorjährigen (zweijährigen) Zweigen bereits im Jahr vor der Blüte entlang der gesamten Zweiglänge angelegt.

Gehölzarten wie die Kornelkirsche legen ihre Blütenknospen bereits im Spätsomer an Kurztrieben der zwei- und mehrjährigen Triebe an.

Ausnahmsweise können sich die Blüten wie beim Judasbaum auch am alten Holz sowie am Stamm entwickeln.

Beim Sommerflieder entwickeln sich die Blüten erst gegen Ende des Triebwachstums am Ende der diesjährigen Triebe.

Beim Blasenstrauch werden die Blüten ebenfalls an den diesjährigen Trieben gebildet, allerdings schon während des Wachstums und aus den Blattachseln wachsender Triebe.

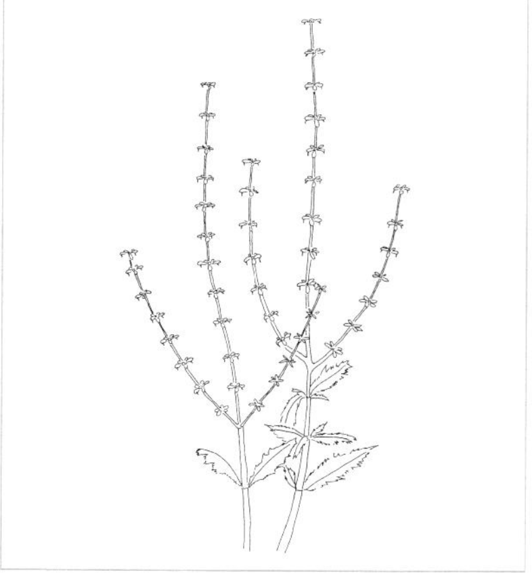

Halbsträucher wie die Blauraute frieren oft bis knapp über dem Boden zurück. Sie entfalten ihre Blüten am Ende von diesjährigen Langtrieben, die sich von der Basis der Sträucher aus jährlich neu entwickeln.

trieben am vor- bis mehrjährigen Holz. Die Blüten entwickeln sich unmittelbar aus diesen Knospen (Kornelkirsche, Zaubernuss, Zier-Kirschen).
d) Die Blüten erscheinen unmittelbar aus dem Holz mehrjähriger Zweige oder sogar direkt am Stamm (Judasbaum).

2. Die Blütenanlagen entwickeln sich an den im laufenden Jahr gebildeten, neu wachsenden (diesjährigen) Trieben und entwickeln sich unmittelbar zu Blüten. Triebwachstum und Blüten erfolgen also innerhalb einer Wachstumsperiode. In diesem Fall fördert ein kräftiger Schnitt vor dem Austrieb die Bildung zahlreicher neuer (Blüten-)Triebe.
a) Blüten oder Blütenstände entwickeln sich nach Abschluss des Triebwachstums an End- oder Seitentrieben (Sommerflieder).
b) Blüten und Blütenstände entwickeln sich während des Sommers aus den Blattachseln der diesjährigen Triebe (Blasenstrauch).
c) Blüten und Blütenstände bilden sich an diesjährigen Trieben, die sich von der Basis aus alljährlich neu entwickeln. Bei den so genannten Halbsträuchern entwickeln sich die Langtriebe also direkt von der Basis aus neu, sie blühen meist erst später im Sommer (Blauraute).

Saftdruck und Wachstumsgesetze

Die Pflanzensäfte steigen in der Pflanze immer nach oben. Dies hat zur Folge, dass das Wachstum der Triebspitzen gefördert wird. Im Laufe des Alterungsprozesses verzweigen sich die Triebspitzen immer mehr, sind nach und nach eher waagerecht gestellt und biegen sich in den folgenden Jahren immer mehr nach unten.

Orte bevorzugter Triebbildung

Man unterscheidet vier verschiedene Orte der Triebneubildung.

Spitzenförderung (Akrotonie)
Der nach oben strebende Saftdruck verleiht der Endknospe bei aufrecht wachsenden Trieben eine sehr starke Triebkraft. Gleichzeitig werden dabei die nach unten angeordneten Knospen in ihrem Austrieb gehemmt. Darüber hinaus übt der Verlängerungstrieb auf

Das Prinzip der Akrotonie am Beispiel des Spitz-Ahorns. Der Endtrieb und die obersten Seitentriebe wachsen am stärksten, das Wachstum der Seitentriebe nach unten hin ist gehemmt, die Triebe werden nach und nach kürzer.

die tieferstehenden Triebe eine Wuchshemmung aus, die zur Basis hin immer stärker ausgeprägt ist.

Oberseitenförderung (Epitonie)
Bei waagerecht oder leicht schräg nach oben stehen Trieben fördert der Saftdruck nicht nur die Endknospe, sondern wird gleichmäßig auf alle auf der Oberseite des Zweiges angeordneten Knospen verteilt. Der Austrieb ist jedoch deutlich schwächer und die Triebe sind wesentlich kürzer als bei der Spitzenförderung. Je flacher der Ast, umso stärker wirkt sich der Saftdruck auf die Oberseite aus.

Dies macht man sich bei Obstbäumen zunutze, indem man steil stehende Triebe herabbindet und damit die Bildung schwächerer Triebe und die Blütenbildung fördert.

Scheitelpunktförderung (Mesotonie)
Besonders bei Obstbäumen biegen sich durch das Gewicht der Früchte die Zweige bogenförmig nach unten. Auch bei zahlreichen Ziersträuchern hängen die Triebspitzen aufgrund der starken Verzweigung und/oder reichlicher Blütenbildung nach einigen Jahren nach unten, etwa bei Forsythien. Dadurch werden die Knospen auf dem Scheitelpunkt stark gefördert und treiben nun am stärksten aus. Diese kräftig entwickelten Scheiteltriebe verjüngen die Pflanze.

Basisförderung (Basitonie)
Von Basitonie spricht man, wenn sich Pflanzen durch Neutriebe von der Basis her aufbauen, verjüngen oder erneuern. Dies ist insbesondere bei ausläufertreibenden Gehölzen der Fall.

Entwickeln sich wie bei der Rose die kräftigsten Neutriebe im mittleren Teil des Strauchs sowie am Scheitelpunkt der Triebe, dann spricht man von Mesotonie.

Das Beispiel der Hasel zeigt deutlich eine Triebförderung vorwiegend an der Basis des Strauches. Man bezeichnet dies als Basitonie.

Formen der Verzweigung

Alle Gehölze sind mehr oder minder symmetrisch aufgebaut. Vereinfacht betrachtet gibt es nur drei verschiedene Möglichkeiten der Verzweigung. Bei der ersten werden Wuchs und Verzweigung der Spitzentriebe gefördert (Akrotonie). Dies ist bei nahezu allen jungen Gehölzen zu beobachten, später ist dies in der Regel nur noch bei Bäumen der Fall.

Bei der zweiten erfolgt die Verzweigung vorwiegend im mittleren Bereich eines Gehölzes (Mesotonie).

Der Wuchs bei der Mehrzahl der Sträucher erfolgt bei der dritten Möglichkeit durch die Verzweigung von der Basis her (Basitonie). Diese Art der Verzweigung spielt auch bei der Verjüngung eine wichtige Rolle.

Sträucher, die sich allgemein von der Basis her erneuern, kann man grob in zwei Gruppen einteilen:

1. Sträucher der ersten Gruppe bilden Triebe von der Basis ausgehend, die weitere Verzweigung erfolgt aber vorwiegend im Spitzenbereich (akrotone Förderung). Als Beispiel dazu kann die Haselnuss angeführt werden. Beim Erhaltungsschnitt dieser Strauchgruppe sollten einzelne ältere, nicht mehr voll blühfähige Triebe an der Basis herausgeschnitten werden, damit sich neue Basistriebe entwickeln können. Gleichzeitig sollte auch ein Teil zu dicht stehender Schösslinge entfernt werden.
2. Sträucher der zweiten Gruppe bilden ebenfalls Triebe an der Basis, diese verzweigen sich aber in weiterer Folge nicht im Spitzenbereich, sondern im mittleren Bereich (mesotone Förderung). Die ältesten Triebe neigen sich bald an der Spitze und bilden flache Bögen aus. An deren Oberseite entwickeln sich dann junge Triebe, wobei die kräftigsten im Bereich der stärksten Krümmung entstehen. Diese Art der Verzweigung ist weit verbreitet und unter anderem bei Forsythien, Wildrosen und Berberitzen zu beobachten. Für den Schnitt bedeutet dies, dass beim Erhaltungsschnitt die Triebe nicht sogleich bis zum Boden herausgeschnitten werden, sondern dass man diese bis auf einen im Bogen stehenden Verjüngungstrieb zurückschneidet. Erst nach mehreren Jahren, wenn die Blühfähigkeit nachlässt, werden diese Triebe an der Basis entfernt.

Wuchsformen

Sträucher sind vieltriebige, mehr oder minder stark verzweigte Gehölze. Ihre Wuchshöhe ist aufgrund von rasch kürzer werdenden Jahrestrieben und mehr oder minder bogigem Wachstum beschränkt. Ihre Vieltriebigkeit wird durch Knospen an der Strauchbasis hervorgerufen.

Bäume sind dagegen hochwachsende, meist einstämmige, gelegentlich auch mehrstämmige Gehölze. Sie bilden einen Stamm und eine Krone aus.

Der Gehölzschnitt (Art und Intensität) richtet sich nach der Wuchsform der Gehölze und ist auch davon abhängig, wie die jeweilige Gehölzart ihr Zweiggerüst erneuert.

Kurzlebige Kleinsträucher und Halbsträucher

Sträucher dieser Gruppe bilden wenig verzweigte Triebe, die nur wenige

Die Langtriebe von Halbsträuchern wie der Blauraute regenerieren sich aus basisnahen Knospen alljährlich neu.

Jahre alt werden (Ginster) oder überhaupt jedes Jahr bis zum Boden zurücktrocknen oder zurückfrieren, und die sich aus bodennahen Knospen erneuern (Blauraute).

Ausläufertreibende Sträucher und Schösslingssträucher

Bei diesen Sträuchern wird kein dauerhaftes Gerüst gebildet, sondern die Pflanze erneuert sich regelmäßig durch viele junge Triebe, die an der Triebbasis entstehen, oder durch Schösslinge aus dem Wurzelbereich (Ranunkelstrauch und Himbeere).

Bodenschlüssige und breit wachsende Sträucher

Sträucher dieser Gruppe bilden regelmäßig Jungtriebe an der Basis. Die einzelnen Triebe des Astgerüsts können mehrere Jahre alt werden. Gleichzeitig bilden sich im oberen Bereich der Pflanze, insbesondere aber an den Scheitelpunkten der herabhängenden Äste, junge Triebe (Forsythien und Sibirischer Hartriegel).

Kahlfüßige Sträucher mit Basisförderung

Sträucher dieser Gruppe bilden ebenfalls regelmäßig Jungtriebe an der Basis bzw. in den bodennahen Triebabschnitten. Die Verzweigungen und blütentragende Triebe entwickeln sich vorwiegend im oberen Bereich der Pflanze (Maiblumenstrauch und Pfeifenstrauch).

Kahlfüßige Sträucher mit geringer Basisförderung

Sträucher wie die Felsenbirne bauen aus wenigen (etwa vier bis sechs) Trieben, die direkt aus dem Boden wachsen, ein stabiles Gerüst auf. Neutriebe an der Basis werden nur in geringer Anzahl gebildet, mit zunehmendem Alter unterbleibt auch dies.

Bodenschlüssige Sträucher wie der Belgische Spierstrauch oder die Forsythie wachsen anfangs aufrecht und später überhängend bis ausladend. Dadurch sind sie meist genauso breit oder breiter als hoch.

Kahlfüßige Sträucher wie die Deutzie bilden Jungtriebe an der Basis. Die blütentragenden Verzweigungen entstehen dagegen vorwiegend im oberen Bereich der Pflanze. Entfernen Sie abgeblühte Triebe.

Eberesche und Kuchenbaum sind gute Beispiele für Gehölze, die sich durch einen gut entwickelten Mitteltrieb, der sich erst spät im oberen Kronenbereich verzweigt, baumförmig entwickeln. Für einen guten Kronenaufbau ist ein fachgerechter Erziehungsschnitt notwendig.

Kahlfüßige Sträucher mit Spitzenförderung

Die Sträucher dieser Gruppe bilden ein langlebiges Gerüst aus mehreren Ästen oder einen kurzen Stamm mit einer mehrstämmigen Krone. Ältere Pflanzen regenerieren sich aus der Basis und dem unteren Bereich kaum bis gar nicht mehr. Die Triebförderung liegt hier vorwiegend im oberen Teil des Strauchs (Magnolie und Zaubernuss).

Baumartige wachsende Gehölze

Bäume bilden ein stabiles Gerüst aus einem Stamm, manchmal auch aus mehreren Stämmen, einem Mitteltrieb und einigen Seitenästen. Die Höhe des Kronenansatzes wird vom Gärtner in der Baumschule festgelegt (Eberesche und Kuchenbaum).

Werkzeuge im Einsatz

Voraussetzung für fachlich einwandfreie Schnitt- und Pflegearbeiten ist entsprechendes Qualitätswerkzeug. Achten Sie darauf, dass die Schnittwerkzeuge immer scharf und sauber sind. Sorgen Sie dafür, dass Sie für jede Aufgabe geeignetes Werkzeug zur Verfügung haben.

Schnittwerkzeuge

Die Gartenschere ist wohl das meistverwendete Schnittwerkzeug. Man kann damit nicht nur unverholzte Pflanzenteile, sondern auch holzige Triebe bis zu 1 cm Dicke problemlos entfernen. Für stärkere Äste sollten Sie eine Astschere verwenden.

Die richtige Handhabung der Gartenschere ist keine Selbstverständlichkeit. Achten Sie beim Schneiden immer darauf, dass sich die dünnere Klinge näher bei der Knospe bzw. der Anwuchsstelle befindet. Ist dies nicht der Fall, dann drehen sie die Schere leicht oder schneiden Sie von der anderen Seite. Für Linkshänder gibt es eigene Modelle.

Mit der Astschere schneidet man Äste, die für die Gartenscheren zu dick sind. Sie eignet sich gut dafür, dickere Strauchäste knapp über dem Boden wegzuschneiden (auszulichten) sowie Baumäste über Kopfhöhe zu entfernen.

Für das Entfernen von Ästen ab einer Dicke von etwa 4 cm benötigen Sie schon eine Säge. Schwertsägen als Griffsägen mit gebogenem Sägeblatt sind besonders praktisch. Achten Sie beim Kauf aber darauf, dass das Sägeblatt rostfrei ist und eine scharfe Zähnung aufweist. Der Griff sollte rutschfest sein. Vorteilhaft sind Schwertsägen mit einklappbarem Sägeblatt, weil man diese bequem und sicher transportieren kann. Mit Sägen dieser Art lässt sich auch das alte Holz an der Basis einer Rose bequem herausschneiden. Besonders nützlich sind auch kleine Klappsägen, weil man mit diesen auch auf sehr beengtem Raum noch gut arbeiten kann.

Bügelsägen wird man als Hobbygärtner wohl kaum benötigen, außer man möchte an älteren Bäumen einen Verjüngungsschnitt durchführen. Da diese Säge rauere Schnittstellen hinterlässt empfiehlt es sich, die äußeren Wundränder mit einem Messer oder einer Hippe nachzuschneiden.

Bei den Messern werden Hippe und Okuliermesser verwendet. Die Hippe hat eine gekrümmte Klinge, die sich besonders zum Glätten von rauen

Tipp

Schneiden sie auf keinen Fall Draht mit der Gartenschere, dies geht auf Kosten der Klingenschärfe und verkürzt deren Lebensdauer.

Gartenschere zum Schneiden dünner Triebe und Zweige.

Astschere zum Entfernen dickerer Äste.

Schnitten und ausgefransten Schnitträndern anbietet. Ziehen Sie das Messer immer mit einer gleichmäßigen Bewegung von den Schnitträndern zur Mitte hin, damit sich die Rinde durch den Druck nicht vom Holz löst. Mit dem Okuliermesser (es muss immer scharf geschliffen sein!) lassen sich auch Rindenverletzungen gut ausschneiden.

Für den Hecken- sowie Formschnitt benötigen Sie eine Heckenschere. Scheren mit gewellten Schnittkanten verhindern, dass die Triebe beim Zusammenführen der Klingen wegrutschen. Im Hausgarten wird man damit kleinere Hecken und Buchskugeln schneiden. Für lange und hohe, formale Hecken benötigen Sie schon eine elektrische Heckenschere. Auch in diesem Fall sollten die Klingen von guter Qualität sein. Eine Sicherung, damit die Schere stoppt, wenn man eine Hand vom Griff loslässt, ist selbstverständlich.

Daneben gibt es noch zahlreiche weitere Schnittwerkzeuge, wie zum Beispiel Stangenscheren oder Stielastscheren. Sie werden ausschließlich im oberen Bereich von Bäumen und zum Einkürzen von Kletterpflanzen verwendet, die mit einer Leiter nicht mehr erreicht werden können. Ebenso wie für die Stangensägen benötigen Sie für den Umgang mit diesen Werkzeugen viel Geschick, um damit gut umgehen zu können.

Schließlich ist auch noch ein scharfkantiger Spaten hilfreich, mit dem Sie Wurzelausläufer abtrennen können. Diese Arbeit lässt sich auch gut mit einem gut geschliffenen Kantenstecher bewältigen.

Vorsichtsmaßnahmen

Alle elektrisch betriebenen Geräte, wie zum Beispiel Heckenscheren, die über einen Kabelanschluss mit Strom versorgt werden, sollten aus Sicherheitsgründen einen Unterbrecherschalter haben (siehe jeweilige Sicherheitsbestimmungen). Verwenden Sie solche Geräte niemals bei feuchtem Wetter oder Regen. Das Tragen von Schutzbrillen bei der Verwendung von elektrischen Heckenscheren in Augenhöhe sollte ebenfalls selbstverständlich sein.

Werkzeugpflege

Alle Schnittwerkzeuge sollten mit großer Sorgfalt gereinigt werden. Reinigen Sie die Schnittflächen mit einem ölgetränkten Lappen und trocknen Sie diese durch einfaches Abwischen, damit sie nicht rosten. Haben Sie krankes Pflanzenmaterial damit geschnitten, dann sollten Sie das Schnittwerkzeug unbedingt mit handelsüblichen Desinfektionsmitteln desinfizieren, um eine Übertragung von Krankheiten zu verhindern.

Grundlagen des Gehölzschnittes

Der Schnitt an jungen Bäumen und Sträuchern dient in erster Linie dazu, ein gesundes, kräftiges und ausgeglichenes Astgerüst aufzubauen. Natürlich nimmt man damit auch Einfluss auf Größe und Form der Gehölze und schafft die Grundlagen für den späteren Wuchs.

Je früher ein Gehölz geschnitten wird, desto besser ist seine Regeneration und umso schneller verheilen die Wunden. Das geschieht am schnellsten, wenn die entfernten Triebe noch nicht verholzt sind. Am reifen Gehölz, insbesondere an Bäumen, beschränkt sich der Schnitt meist auf das Entfernen kranker oder beschädigter Äste. Große Äste sollten nicht herausgeschnitten werden, denn meist bringt diese Maßnahme große Probleme für den Baum mit sich. An den Schnittstellen entstehen Faulstellen, die sich langfristig bis tief in den Stamm hinein fortsetzen. Nur wenn diese Äste krank oder abgestorben sind oder der Baum verjüngt werden muss, ist diese Maßnahme gerechtfertigt. Größere Eingriffe sollten Sie in jedem Fall einem Fachmann überlassen.

Der Schnitt

Voraussetzung für ein gutes und schnelles Verheilen von Schnittwunden ist ein sauber vorgenommener Schnitt. Dabei darf das Gewebe der Pflanzen oder die Rinde nicht gequetscht oder aufgerissen werden. Auch die Schnittführung ist wichtig: Ein schräger, knapp über dem Auge angesetzter Schnitt verhindert, dass sich Feuchtigkeit an der Schnittstelle hält und die Ansiedlung von schädlichen Pilzen fördert.

Bei Pflanzen mit wechselständigen Knospen sollte der Schnitt schräg etwa 5 mm über dem Auge erfolgen.

Bei gegenständiger Knospenstellung schneidet man am besten knapp über dem Augenpaar, damit sich zwei neue gesunde Triebe entwickeln können.

Schneidet man zu knapp an der Knospe, dann trocknet diese ein. Lässt man hingegen zu lange Stümpfe stehen, trocknen diese ebenfalls ein und werden meist von Pilzen (Rotpustelkrankheit) befallen. Ideal sind deshalb Schnitte an einer Astgabel, wobei ein Trieb vollständig entfernt wird.

Größere Schnitte am Baum dienen meist der Veränderung der Wuchsform. Diese Schnitte benötigen jedoch mehrere Jahre zum Verheilen. Sie stellen potenzielle Eintrittspforten für Pilzkrankheiten dar. Deshalb muss der Schnitt unbedingt sauber, im richtigen Winkel und so erfolgen, dass er rasch verheilen kann.

Beim Entfernen dickerer Äste sowie bei Bäumen sollten die Schnitte immer direkt über dem Astring erfolgen, da hier die besten Heilungschancen bestehen. Dabei ist auch zu beachten, dass die angeschnittenen Äste nicht abrei-

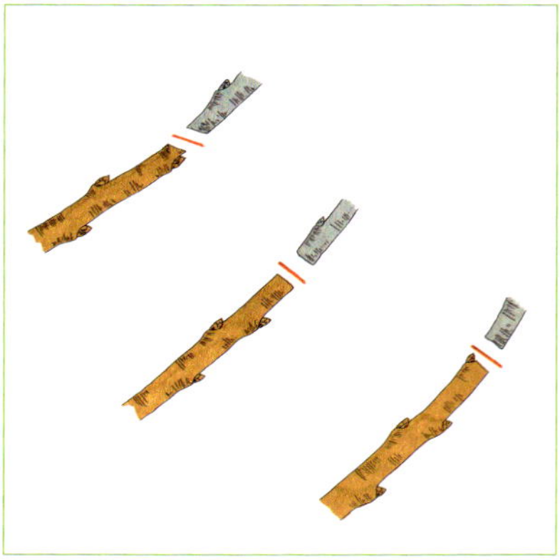

Schnittführung: Richtig! Dicht über einer Knospe mit schrägem Schnitt. Falsch! Stummel bleibt stehen. Falsch! Zu knapp geschnitten, Knospe trocknet zurück.

1) Wirkung des Lang- und Kurzschnitts: diesjähriger Trieb am Ende der Vegetationsperiode. 2) Dieser Trieb wurde im Winter nicht eingekürzt. Es entwickeln sich eine schwache Triebverlängerung und mehrere kurze Triebe an der Triebspitze. 3) Der Trieb wurde im Winter etwa um ein Drittel eingekürzt. In der Folge bilden sich eine kräftige Triebverlängerung und wenige gut entwickelte Seitentriebe unterhalb des Mitteltriebs. 4) Der Trieb wurde im Winter etwa um zwei Drittel eingekürzt. Es wachsen nur zwei bis drei sehr kräftig entwickelte Triebe.

ßen, bevor sie ganz durchgeschnitten sind und dadurch am Stamm tiefe Wunden unterhalb der beabsichtigten Schnittstelle hinterlassen. Schneiden Sie den Ast in diesem Fall immer zuerst etwa 50 cm oberhalb der eigentlichen Schnittstelle von unten an. Führen sie dann einen weiteren Schnitt von oben durch, und zwar weiter außen in etwa 5 cm Entfernung vom Unterschnitt. Der Ast wird dann durch sein Eigengewicht zu Boden fallen. Der eigentliche Schnitt erfolgt dann direkt über dem Astring.

Schnittstärken und Folgen

Die Schnittstärke reguliert den Austrieb nach dem Rückschnitt.

Wird ein Trieb nicht geschnitten, so kommt es aufgrund des höheren Saftdrucks im Triebspitzenbereich genau dort zu einem stärkeren Austrieb. Hier werden sich also die Seitentriebe entwickeln. Die Stärke des Austriebs nimmt zur Basis hin ab und die im unteren Bereich liegenden Knospen treiben nicht aus (siehe Zeichnung 2).

Schneidet man den Trieb mäßig zurück, dann wird der Saftdruck im Bereich unterhalb der Schnittstelle entsprechend größer. Folglich kommt es hier nun zu einer stärkeren Verzweigung, die Triebe sind kräftiger entwickelt (siehe Zeichnung 3).

Bei starkem Rückschnitt auf wenige oder gar nur eine einzige Knospe wird diese Wirkung noch verstärkt. Die Folge ist ein starker Austrieb mit wenigen kräftigen oder mit nur einem einzigen starken, oft unverzweigten Neutrieb (siehe Zeichnung 4). Diesen gilt es einzukürzen, damit er sich verzweigt.

Jungpflanzen schneiden

In einigen Fällen kann in der Jugendphase die zukünftige, mitunter von der natürlichen Form abweichende Wuchsform des Strauchs oder Baums festgelegt werden. Der Grund dafür liegt in der Dominanz bzw. in der Brechung der Dominanz der Terminalknospen und der Förderung von schlafenden Augen an der Strauchbasis bzw. an der Basis junger Bäume. Schneidet man bei Sträuchern, zum Beispiel beim Sibirischen Hartriegel, alle Triebe im Spätwinter knapp über dem Boden ab, so entwickeln sich zahlreiche neue, kaum verzweigte und kräftig gefärbte Jungtriebe. Diesen Schnitt kann man jährlich wiederholen.

Schnittziele

Die meisten bekannten Gartensträucher benötigen regelmäßige Schnittmaßnahmen, die zumindest in größeren Abständen vorgenommen werden sollten. Neben dem Erziehungs-, Erhaltungs- und Verjüngungsschnitt gibt es eine Reihe weiterer Gründe, die Schnittmaßnahmen an Gehölzen erfordern.

Gesunderhaltung

Einer der Hauptgründe für das Schneiden besteht darin, die Pflanzen gesund zu erhalten. Um dies zu gewährleisten müssen abgestorbene, verletzte oder kranke Zweige und Äste bis ins gesunde Holz zurückgeschnitten werden. Auch sich kreuzende und zu dicht stehende Triebe sollten rechtzeitig entfernt werden, damit Schürfwunden und ein Absterben der Triebe im Strauchinneren aus Lichtmangel vorweg verhindert wird.

Förderung der Blühwilligkeit

Bei Ziersträuchern und Rosen ist ein regelmäßiger Schnitt für die Erhaltung der Blühwilligkeit unerlässlich. Bilden sich die Blüten am ein- bis vierjährigen Holz, dann ist es notwendig, älteres und abgetragenes Blühholz zugunsten des jüngeren, blühwilligeren zu entfernen. Bei jenen Gehölzarten, die am diesjährigen Trieb blühen, ist ein regelmäßiger scharfer Schnitt unbedingt notwendig.

Schmuckwirkung erzielen

Legen Sie ausschließlichen Wert auf bunt gefärbte Jungtriebe, etwa beim Sibirischen Hartriegel, so können Sie alle Triebe alljährlich im Nachwinter auf ein Gerüst zurückschneiden. Auf diese Weise können Sie auch die Entwicklung von besonders schönem Blattwerk bei bunt- oder großlaubigen Gehölzen erzwingen.

Erziehung eines bestimmten Habitus

Durch entsprechenden Schnitt lassen sich auch bestimmte Wuchsformen erzwingen, wie zum Beispiel eine Kopfweide.

Erzeugung von dichtem, buschigem Wuchs

Mit kleinblättrigen Arten von immergrünen Laubgehölzen und Nadelgehölzen lassen sich geschnittene Hecken, Baumwände und formale Elemente

Förderung der Blühwilligkeit durch den Schnitt bei der Bartblume.

Intensive Rindenfärbung der jungen Triebe beim Gelbholzigen Hartriegel.

sowie der Figurenschnitt (Topiary) erziehen.

Fruchtgewinnung

Obstbäume und Beerensträucher sollten ebenfalls einmal jährlich geschnitten werden, damit sie gesund bleiben, reich blühen und eine reiche Ernte liefern. Bei Obstbäumen erfolgt der Schnitt in Zusammenwirken mit dem Formieren der Äste und Zweige. Hier gilt es, das Gleichgewicht zwischen Wachstum und Fruchten zu erzielen, bzw. dieses über eine möglichst lange Zeitspanne zu erhalten.

Laufende Pflegemaßnahmen

Neben dem Entfernen kranker und abgestorbener Triebe gibt es eine Reihe weiterer kleinerer Schnittarbeiten, die sogleich nach dem Auftreten der entsprechenden Ereignisse durchgeführt werden sollten. Das Entfernen verwelkter Blüten und Blütenstände bei Rosen oder immergrünen Rhododendren sowie das Herausschneiden von Trieben mit Rückmutationen bei Sorten mit panaschiertem Laub, wie etwa beim Weißbunten Eschenahorn, zählen dazu. Wildtriebe bei veredelten Sträuchern müssen laufend entfernt werden.

Vom Pflanzschnitt zum Verjüngungsschnitt

Von der Pflanzung bis zum Alter durchläuft eine Pflanze sehr unterschiedliche Entwicklungsstadien, die verschiedene Schnittmaßnahmen notwendig machen.

Pflanzschnitt

Ob und wie Sie Ihr Gehölz bei der Pflanzung schneiden müssen, hängt davon ab, welche Pflanze Sie erworben haben. Die Schnittmaßnahmen unterscheiden sich nämlich bei wurzelnackten, Container- und Ballenpflanzen.

Beim Pflanzschnitt wurzelnackter Sträucher werden die oberirdischen Pflanzenteile um ein bis zwei Drittel eingekürzt.

Pflanzschnitt bei wurzelnackten Pflanzen

Man kann wurzelnackte Gehölze während der Ruheperiode im Herbst und Frühjahr pflanzen. Diese Pflanzen wurden in der Baumschule gerodet, wobei der Großteil der Feinwurzeln verloren gegangen ist.

Bei wurzelnackten Pflanzen müssen die restlichen Wurzeln eingekürzt werden. Damit die Wurzeln nach dem Pflanzen wieder genügend Feinwurzeln entwickeln, müssen verletzte Wurzeln bis in den gesunden Teil zurückgeschnitten werden. Gleichzeitig werden die oberirdischen Pflanzenteile stark eingekürzt. Kräftige Triebe schneiden Sie etwa um ein Drittel, schwächere etwa um die Hälfte zurück. Schwache, nach innen weisende sowie verkümmerte und kranke Triebe werden ganz entfernt.

Pflanzschnitt bei Containerpflanzen

Gehölze, die im Container oder mit Topfballen kultiviert wurden, können das ganze Jahr hindurch gepflanzt werden. Allerdings sind die Sommermonate Juli und August weniger günstig, da der Wasserbedarf während dieser Zeit sehr hoch ist und Wassermangel zu Anwuchsschwierigkeiten führen kann.

Beim Pflanzen von Containerpflanzen werden keine Wurzeln entfernt. Lockeren Sie den Wurzelballen nur vorsichtig. Entfernen Sie schwache und quer in den Strauch wachsende Triebe, die kräftigen Langtriebe bleiben unbeschnitten.

Pflanzschnitt bei Ballenpflanzen

Bei Pflanzen, die mit einem Erdballen geliefert werden, erübrigt sich in der Regel der Pflanzschnitt. Jede größere Schnittmaßnahme würde bei Gehölzarten wie dem Fächerahorn, der Zaubernuss und Magnolien den Habitus unweigerlich zerstören.

Der Pflanzschnitt beschränkt sich hier auf das vorsichtige Auslichten und Entfernen abgetrockneter oder etwas zu dicht stehender Zweige.

Erziehungs- und Aufbauschnitt

In den ein bis zwei Jahren nach der Pflanzung wird das Astgerüst des Strauchs aufgebaut. Schneiden Sie schwache und ins Innere wachsende Triebe heraus und kürzen Sie die Triebspitzen ein, damit sich diese verzweigen. Bei kurzlebigen Sträuchern

Pflanzschnitt bei Containerpflanzen.
Der Ranunkelstrauch vor dem Schnitt.

Der Ranunkelstrauch nach dem Schnitt.

Links: Bei zwei- bis dreijährigen Sträuchern, die als wurzelnackte Pflanzen verkauft werden, ist ein Pflanzschnitt notwendig. Die Abbildung zeigt einen etwa dreijährigen Strauch des Gelbholzigen Hartriegels vor dem Pflanzschnitt. Rechts: Derselbe Hartriegel nach dem Pflanzschnitt.

Forsythie vor dem Erhaltungsschnitt.

Forsythie nach durchgeführtem Erhaltungsschnitt.

entfernen Sie bereits ab dem vierten Jahr einige der ältesten Triebe, diese werden durch Jungtriebe aus dem Strauchinneren ersetzt. Bei den übrigen Sträuchern mit dauerhaftem Gerüst werden nur überzählige Bodentriebe entfernt und ein geringfügiger Korrekturschnitt durchgeführt, wenn die Pflanzen nicht regelmäßig aufgebaut sind.

Erhaltungs- und Pflegeschnitt

Hat die Pflanze das Adultstadium und damit die gewünschte Größe erreicht und blüht und fruchtet sie nun regelmäßig, so ist es an der Zeit, die Vitalität der Blüten- und Fruchtbildung zu bewahren und gleichzeitig einer etwaigen Größenzunahme vorzubeugen. Nun entfernen Sie abgeblühte und vergreisende Triebe, die durch junge Triebe im Astbereich oder aus dem bodennahen Bereich ersetzt werden. Gehölze mit kurzlebigen Trieben schneiden bzw. lichten Sie jährlich aus, solche mit langlebigem Astgerüst hingegen in mehrjährigem Turnus. Dadurch wird der Alterungsprozess verzögert, indem Sie durch den Schnitt eine stetige Erneuerung der Pflanze anregen.

Einkürzen

Oft werden fälschlicherweise vor allem die vor- und letztjährigen Triebspitzen im oberen Bereich und an den Seiten der Sträucher bis auf wenige Knospen eingekürzt.

Nur bei den Sommerblühern wie Bartblume und Sommerflieder, die am diesjährigen Trieb blühen, ist das Einkürzen der notwendige Erhaltungsschnitt, der im Frühjahr vor dem Austrieb durchzuführen ist.

Auslichten

Beim Auslichten werden im Gegensatz zum Einkürzen ganze Triebe, manchmal auch der Haupttrieb, der sich aus ein- bis vierjährigen Trieben zusammensetzt, knapp oberhalb einer Verzweigungsstelle entfernt. In den meisten Fällen ist das Auslichten die richtige Schnittmaßnahme.

Verjüngungsschnitt

Wurde der Erhaltungs- und Pflegeschnitt längere Zeit nicht durchgeführt, verzweigen sich die Triebe insbesondere im oberen Bereich und senken sich sukzessive nach unten. Durch das dichte Astwerk entsteht zunehmend Lichtmangel im Inneren der Pflanze, wodurch dieser Bereich stark verkahlt. Nun hilft nur noch ein Verjüngungsschnitt. Dieser wird erheblich stärker ausfallen als alle bisher genannten Schnittmaßnahmen; er revitalisiert das Gehölz. Beim Verjüngungsschnitt werden überalterte Triebe an der Basis entfernt und dicht verzweigtes Astwerk ausgedünnt. Im äußersten Fall werden die verbliebenen starken Triebe etwa 50–60 cm über dem Boden zurückgeschnitten. Bei einigen Gehölzarten wie dem Goldregen und der Prunkspiere ist ein solcher Verjüngungsschnitt aber nicht zielführend.

Aufbauschnitt nach dem Verjüngen

Beim vorsichtig durchgeführten Verjüngungsschnitt werden nach und nach alle alten Triebe entfernt und durch Neutriebe ersetzt.

Nach einem radikalen Verjüngungsschnitt bilden sich an den verbliebenen Trieben meist sehr starke, dichte oder steil stehende Neutriebe. Diese müssen bis auf wenige Triebe, die das neue Astgerüst aufbauen sollen, ausgelichtet werden. Haben sich neue Bodentriebe gebildet, dann belassen Sie diese, wenn sie genügend Abstand zu den vorhandenen alten aufweisen und sie sich entsprechend entwickeln können. Wenn die überalterten Triebe keine Neutriebe mehr bilden, so entfernen Sie diese ganz.

Links: Verjüngungsschnitt und folgender Aufbauschnitt am Beispiel des Flieders: Stark überalterte Sträucher vertragen einen drastischen Verjüngungsschnitt. Dazu werden alle Haupttriebe etwa bis auf 60 cm über dem Boden eingekürzt, schwache Triebe werden entfernt. Rechts: Im Spätsommer oder Herbst des Folgejahrs lassen Sie pro Haupttrieb nur zwei bis drei der kräftigsten, am besten platzierten Triebe stehen. Die restlichen werden entfernt.

Schnittgruppen

Die sommergrünen Sträucher sind zahlenmäßig am häufigsten in unseren Gärten vertreten. Sie blühen und fruchten zu unterschiedlichen Zeiten und an unterschiedlichen Stellen innerhalb der Pflanze. Dementsprechend groß ist die Vielfalt der Schnittarten und Schnittmöglichkeiten und muss an die jeweilige Gehölzart angepasst werden.

Gruppe 1: Sträucher, die kaum geschnitten werden müssen

Ausgewachsene sommergrüne Sträucher dieser Gruppe, zu der beispielsweise Magnolien und Fächer-Ahorn gehören, benötigen in der Regel keinen oder einen nur geringfügigen Schnitt. Sie weisen von Natur aus ein ausgewogenes Verzweigungsmuster auf. Sie sind an der Basis meist nur wenig verzweigt oder bilden einen sehr kurzen Stamm, um sich erst dann zu verzweigen. Der Zuwachs erfolgt vorwiegend im Bereich der Triebspitzen (Triebspitzenförderung), ein Auslichten oder Ausdünnen erübrigt sich deshalb weitgehend.

Gehölze wie die Magnolie wachsen von Natur aus optimal. Nur kleine Korrekturschnitte sind notwendig, wenn sich vereinzelt starkwüchsige Triebe entwickeln, die eingekürzt werden sollten.

Pflanzschnitt: Die Sträucher dieser Gruppe sind in der Jugendphase eher langsamwüchsig und benötigen in der Regel keinen Pflanzschnitt.
Erhaltungsschnitt: Er beschränkt sich nur darauf, totes und krankes Holz sowie schwache Triebe zu entfernen.
Verjüngungsschnitt: Er ist in der Regel nicht zielführend, weil diese Gehölze an der Basis nicht mehr austreiben.

Gruppe 2: Sträucher, die nach der Blüte geschnitten werden

In dieser Gruppe finden sich zahlreiche Gartensträucher, die im Frühjahr oder Frühsommer blühen, wie etwa Forsythie und Falscher Jasmin. Die Blütenknospen sitzen entweder direkt an den vorjährigen Zweigen oder sie entwickeln sich am Ende stark verkürzter Triebe, die den vorjährigen Trieben entspringen.
Pflanzschnitt: Die Mehrzahl dieser Gehölze wird wurzelnackt oder im Container angeboten. Bei wurzelnackten Pflanzen werden die Wurzel und die Triebe eingekürzt, bei Containerpflanzen lockern Sie den Wurzelballen vorsichtig und entfernen sie schwache, geknickte oder kranke Triebe.
Erhaltungsschnitt: Kürzen Sie bei Gehölzen dieser Schnittgruppe die abgeblühten Triebe sofort nach dem Abblühen auf Ersatztriebe ein. Schneiden Sie jeweils die ältesten abgeblühten Triebe an der Basis heraus. Der rich-

Hat sich die Pflanze einmal etabliert, erfolgt der Erhaltungsschnitt, der bei vielen Sträuchern nach der Blüte durchgeführt wird. Wird dies versäumt, können Sie die Sträucher auch im Spätwinter schneiden. Entfernen Sie dazu alle Triebe mit abgeblühten Blütenständen und kürzen Sie einige der älteren Triebe bei einem kräftig entwickelten jungen Trieb eingekürzt. Ab dem vierten Jahr werden auch regelmäßig einige der ältesten Tiebe bodennah entfernt.

Beim Mandelbäumchen ist ein Einkürzen der vorjährigen, abgeblühten Triebe notwendig, damit sich kräftige neue Triebe mit reichem Blütenbesatz für das nächste Jahr bilden. Alle Triebe werden nach der Blüte im April bis auf wenige Augen eingekürzt.

tige Schnittzeitpunkt ist abhängig von der Gehölzart.

Verjüngungsschnitt: Bei älteren, mehrjährigen Pflanzen reicht der Rückschnitt nach der Blüte auf Ersatztriebe nicht aus. Mit zunehmendem Alter wird nun in regelmäßigen Abständen bis zu einem Viertel des alten Holzes an der Basis entfernt. Die meisten Gehölze dieser Gruppe vertragen auch einen radikalen Rückschnitt.

Bei der Gartenhortensie ist der Schnitt eine abweichende Schnittmethode, die vor dem Austrieb im Frühjahr durchgeführt wird!

Erhaltungsschnitt bei Gartenhortensien: Entfernen Sie die abgetrockneten Fruchtstände erst im Spätwinter. Sie dienen als Winterschutz für die darunter liegenden Blütenknospen. Schneiden sie auch einige der alten, wenig Blühholz tragenden Triebe bodennah heraus.

Ist das Gerüst des Strauchs einmal aufgebaut, werden jedes Jahr alle vorjährigen abgeblühten Triebe bis auf wenige Augen bzw. wenige Zentimeter eingekürzt.

Bei Halbsträuchern wie der Blauraute werden alle Triebe im späten Frühjahr vor dem Austrieb bis knapp über dem Boden zurückgeschnitten.

Gruppe 3: Sträucher, die vor dem Austrieb stark geschnitten werden

Die Sträucher dieser Gruppe, etwa Sommerflieder oder Blauraute, blühen im Sommer oder Herbst an den jungen, diesjährigen Trieben. Deshalb werden sie im zeitigen Frühjahr vor dem Austrieb bis auf das verholzte Gerüst (Sommerflieder) oder bis etwa 10 cm über dem Boden (Blauraute) zurückgeschnitten. Der scharfe Rückschnitt hat zwei Vorteile: Erstens blühen diese Sträucher nur an den Enden der diesjährigen Triebe. Zweitens sind diese Gehölze und Halbsträucher sehr kurzlebig und würden ohne Schnittmaßnahmen bereits nach wenigen Jahren vergreisen.

Pflanzschnitt: Kürzen Sie bei der Frühjahrspflanzung die Triebe etwa um drei Viertel ein. Bei Halbsträuchern wie der Blauraute hingegen kürzen Sie die Triebe auf ein kräftiges Knospenpaar wenige Zentimeter oberhalb des Bodens ein.

Erhaltungsschnitt und Verjüngungsschnitt: Erziehen Sie in den ersten Jahren nach der Pflanzung ein dauerhaftes Astgerüst. Später wird alljährlich im zeitigen Frühjahr der vorjährige Trieb bis auf wenige Augenpaare auf das Astgerüst zurückgeschnitten.

Verjüngungsschnitt: Dieser ist bei dieser Gruppe nicht zielführend, wenn die Jahre davor kein Erhaltungsschnitt durchgeführt wurde.

Gruppe 4: Sträucher, deren Rindenfärbung oder Laubwirkung durch den Schnitt erhöht wird

Schneiden Sie Sträucher mit farbigen Trieben, wie beispielsweise Sibirischer Hartriegel oder Perückenstrauch, bereits im Spätwinter stark zurück, dann entwickeln sich zahlreiche neue, besonders intensiv gefärbte Jungtriebe.

Links: Beim Aufbauschnitt des Perückenstrauchs werden alle Triebe scharf eingekürzt. Rechts: Auch beim etablierten Strauch kürzen Sie alle vorjährigen Triebe bis auf kurze Stummel mit wenigen Augen ein. Auf diese Weise werden kräftige Triebe mit schönen großen, gut ausgefärbten Blättern entwickelt.

Gehölze mit buntem Laub entwickeln nach einem starken Rückschnitt Triebe mit besonders großen, schön ausgefärbten Blättern.

Pflanzschnitt und Aufbauschnitt: Schneiden Sie beim Sibirischen Hartriegel alle Triebe auf etwa 8–10 cm zurück. Zum Aufbau des Astgerüstes beim Perückenstrauch belassen Sie drei bis vier Triebe, die Sie auf eine Länge von etwa 30–50 cm einkürzen.

Erhaltungsschnitt: Beim Sibirischen Hartriegel werden die Vorjahrestriebe bis fast an das Astgerüst zurückgenommen.

Verjüngungsschnitt: Dieser erübrigt sich bei Pflanzen dieser Schnittgruppe.

Erklärung der Symbole

 Blütezeit

 sommergrünes Gehölz

 immergrünes Gehölz

 verholzende Kletterpflanze

Orte bevorzugter Triebbildung

 Spitzfördung (Akrotonie)

 Oberseitenförderung (Epitonie)

 Scheitelpunktförderung (Mesotonie)

 Basisförderung (Basitonie)

Ziergehölze schneiden von A bis Z

Die Schnittmaßnahmen für 40 Gehölzarten werden übersichtlich auf je einer Doppelseite vorgestellt.

IV–V

Apfel, Zier-

Malus sp.

Beschreibung: Sommergrüne, kleine bis mittelgroße Bäume, die insbesondere ihrer schönen Blüte im Mai, dem Laub und des attraktiven Fruchtschmucks wegen häufig in Gärten und Parks gepflanzt werden. Die Blütenfarben reichen dabei von Reinweiß über Rosa bis Dunkelweinrot. Im Herbst färben sich die Früchte von Gelb über Orangerot bis Dunkelrot. Zierapfelbäume werden in den Baumschulen als Sträucher, Hochstämme und Stammbüsche angeboten.

Neben Arten und Hybriden mit der normalen, baumförmigen Wuchsform gibt es auch Hängeformen, Sorten mit vasenförmiger Wuchsform ('Van Eseltine') sowie mehrere Zwergformen (*Malus*-Hybride 'Tina', *Malus*-Hybride 'Pomzai').

Erziehungsschnitt: Bei Hochstämmen und Stammbüschen erfolgt der Erziehungsschnitt bereits in der Baumschule. Sträucher kann man entweder zu mehrstämmigen Exemplaren heranziehen, in diesem Fall entfernen Sie nach der Pflanzung nur beschädigte, sich kreuzende und schwache Triebe. Falls sich bereits ein Leittrieb entwickelt hat, können Sie diese Exemplare auch zu Hochstämmen erziehen. Entfernen Sie dazu alle beschädigten und schwachen Triebe, kürzen Sie verbliebene Triebe um die Hälfte ein und belassen Sie den Leittrieb aber etwas länger als die umgebenden Äste. Die seitlichen, schwächeren Triebe kürzen sie auf etwa 10 cm ein, damit die Bildung neuer Triebe angeregt wird.

Erhaltungsschnitt: Wenn die Erziehung zum Stammbusch oder Hochstamm abgeschlossen ist (dies ist etwa nach fünf Jahren der Fall), benötigen die Zieräpfel kaum mehr Schnittmaßnahmen. Entfernen Sie dann nur beschädigte Triebe, falls Korrekturen notwendig sind. Wenn die Krone zu dicht geworden ist, entfernen Sie diese Triebe im Sommer. Bei älteren Pflanzen können sogenannte „Wasserreiser“ auftreten,

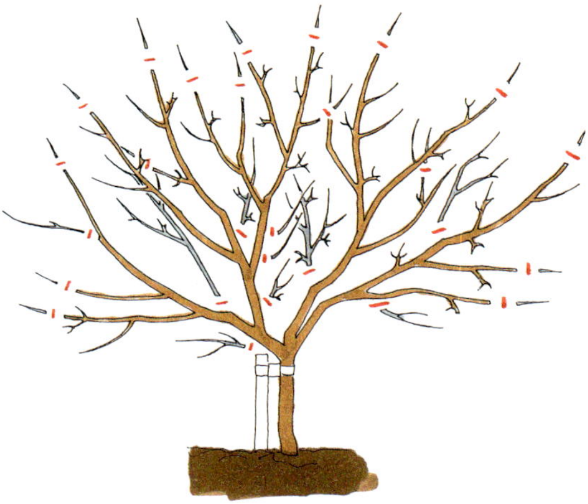

die Sie ganz entfernen müssen. Durch den Schnitt im Sommer wird verhindert, dass die Pflanzen neuerlich stark durchtreiben. Eine wichtige Pflege- bzw. Schnittmaßnahme ist bei veredelten Pflanzen das Entfernen etwaiger Austriebe der Unterlage. Bei Hochstämmen und Hängeformen sind Austriebe unterhalb des Kronenansatzes entlang des Stammes ebenfalls sogleich zu entfernen.

Verjüngungsschnitt: Wenn Zierapfelbäume sehr lange nicht ausgelichtet werden, entwickelt sich mit zunehmendem Alter eine dichte Krone mit dünnen, schwachen Trieben und geringem Blütenansatz. Entfernen Sie im Spätsommer vor allem die dünnen, schwachen Triebe aus dem Inneren der Krone und kürzen Sie die äußeren Äste nur wenig bis gar nicht ein. Eventuell wird im Folgejahr noch ein mäßiger Korrekturschnitt notwendig sein.

Besondere Hinweise: Das Zierapfel-Sortiment ist ungemein umfangreich. Es gibt für jeden Standort und für jede Raumgröße eine geeignete Sorte. Achten Sie bereits beim Kauf darauf, damit Sie sich später unnötige Schnittarbeiten ersparen!

Schnittzeitpunkt: Auslichten im Spätsommer.

Links: Schneiden Sie ältere, abgetragene Langtriebe auf einen jungen Trieb oder eine Blütenknospe zurück. Entfernen Sie auch ältere, abgetragene größere Äste aus dem Kroneninneren, damit auch dieser Kronenteil genügend belichtet wird. Bei diesen Sorten sind größere Abstände zwischen den Trieben typisch.

Rechts: Schneiden Sie vor allem die alten, stark verzweigten Triebe, die kaum mehr Zuwachs bringen, bis zu den jungen Trieben zurück, die sich inzwischen an der Oberseite dieser Triebe entwickelt haben.

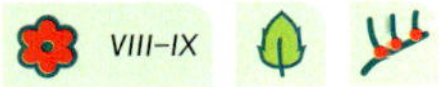

Bartblume, Clandon-

Caryopteris × clandonensis

Beschreibung: Bartblumen sind niedrige, wenig verzweigte sommergrüne Sträucher mit blaugrünem Laub. Sie treiben erst spät im Frühjahr aus und sind etwas frostempfindlich. In kalten Regionen frieren die oberirdischen Pflanzenteile oftmals zurück. Die leuchtend blauen Blütenbüschel sitzen in den Blattachseln der oberen Blätter an diesjährigen Trieben, sie entfalten sich vom Spätsommer bis in den Herbst. Auch die verblühten, beziehungsweise fruchtenden Triebe stellen bis spät in den Winter durchaus ein attraktives Strukturelement im Garten dar.
Lässt man die Bartblume natürlich, also ohne Schnittmaßnahmen, wachsen, dann wird sie sehr bald unattraktiv und ist auch sehr kurzlebig. Sie wird nur mehr an den oberen Triebabschnitten austreiben und an der Strauchbasis sehr bald verkahlen. Deshalb ist es unumgänglich, die Pflanzen alljährlich vor dem Austrieb im Frühjahr stark zurückzuschneiden. Dieser Schnitt dient gleichermaßen als Erhaltungs- wie auch als Verjüngungsschnitt.
Neben den bekannten Sorten wie 'Kew Blue' gibt es inzwischen auch niedrig wachsende ('Blauer Spatz') und starkwüchsige und dennoch kompakte wachsende, Sorten wie 'Blue Balloon'. 'Grand Bleu' hat besonders dunkelblau gefärbte Blüten. 'Summer Sorbet' zeichnet sich durch stark gelb panaschierte, 'White Surprise' durch weißpanaschierte Blätter aus. Bei den buntlaubigen Sorten ist der regelmäßige Schnitt ohnehin unumgänglich, weil dadurch die Blattwirkung erst so richtig ausgeprägt wird.
Erziehungsschnitt: Nach dem Pflanzen im Frühjahr entfernen Sie schwache und beschädigte Triebe und kürzen Sie alle gesunden Triebe bis auf wenige Augenpaare ein.
Erhaltungsschnitt: Bartblumen werden jedes Jahr im Frühjahr vor dem Austrieb scharf auf ein niedriges Gerüst zurückgeschnitten. Dabei

verbleiben nur wenige Augen des vorjährigen Triebs. Die vorjährigen Triebe frieren ohnehin im Winter zurück. Trotz des kräftigen Rückschnitts blühen die Pflanzen im Sommer verlässlich. Gleichzeitig bewirkt der Rückschnitt eine laufende Verjüngung der Bartblumen, die ohne diesen scharfen Rückschnitt kurzlebig sind und sehr rasch vergreisen würden.

Verjüngungsschnitt: Wurden Bartblumen mehrere Jahre nicht geschnitten, so verkahlen und vergreisen sie innerhalb weniger Jahre. Ein stärkerer Rückschnitt auf die bereits dicken Basistriebe ist nur bedingt zielführend, da diese nur zögerlich austreiben und die Pflanzen keine gute Wuchsform mehr aufbauen können. Da Bartblumen Halbsträucher und damit eher kurzlebig sind, ist es besser, stark vernachlässigte Sträucher durch junge Pflanzen zu ersetzen.

Besondere Hinweise: Bartblumen sind eigentlich so genannte „Halbsträucher", deren Triebe nicht ganz verholzen. Deshalb können sie im Winter auch leicht zurückfrieren oder einfach zurücktrocknen. Sie treiben dann aber willig wieder aus den Knospen an der Basis der Sträucher aus. Da Bartblumen ohnehin an den diesjährigen Trieben blühen, ist dies auch kein Problem. Gelegentlich wird die Bartblume auch als „nicht ganz winterhart" eingestuft. Dies hängt damit zusammen, dass diese „Steppenpflanze" nasse und feuchte Böden nicht erträgt, ihre Triebe unter diesen Bedingungen dann nicht ausreifen und die Pflanze damit sehr frostanfällig wird.

Schnittzeitpunkt: Zeitiges Frühjahr vor dem Austrieb.

Kürzen Sie bei der Bartblume alljährlich vor dem Austrieb im zeitigen Frühjahr alle vorjährigen Triebe bis auf wenige Zentimeter auf das Gerüst zurück. Rechts: Auf dem kurzen Stummel sitzen ausreichend Knospen für einen kräftigen Neuaustrieb (Detail).

V

Berberitze, China-Sauerdorn

Berberis julianae

Beschreibung: Der immergrüne China-Sauerdorn entwickelt sich zu einem breit aufrechten, dichttriebigen Strauch mit bis zu 2,5 m Wuchshöhe. Neben den bis zu 10 cm langen, lanzettlichen, glänzenden und bedornten Blättern fallen die langen dreiteiligen Nebenblattdornen auf. Dieser Sauerdorn blüht von Mai bis Juni in kleinen gelben Büscheln, im Sommer entwickeln sich dann schwarze, blau bereifte Früchte. Er ist sehr anspruchslos und robust, winterhart und gut schnittverträglich.

Erziehungsschnitt: Entfernen Sie nach dem Pflanzen schwache und dünne sowie beschädigte Triebe, zu lange kräftige Triebe kürzen Sie ein. Im ersten Jahr entwickeln sich zahlreiche neue, kräftige Triebe, lassen Sie diese stehen. Entfernen Sie die alten Triebe ganz, sie werden sich im Vergleich zu den neuen nur schlecht entwickeln.

Erhaltungsschnitt: In den ersten Jahren benötigen die Pflanzen keinen Schnitt. Beginnen Sie aber bereits nach einigen Jahren mit einem mäßigen Auslichtungsschnitt. Warten Sie damit zu lange, dann sind Schnittmaßnahmen wegen des dichten Wuchses und der dornigen Triebe nur sehr schwierig zu bewerkstelligen. Schneiden Sie jeweils vor dem Austrieb im Frühjahr oder nach der Blüte im Juni ein Drittel der älteren Triebe an der Basis heraus. Kürzen Sie im Sommer einige abgeblühte Triebe bis auf ein kräftiges Augenpaar ein, diese werden im folgenden Jahr wieder Blütentriebe entwickeln.

Verjüngungsschnitt: Werden die Berberitzensträucher längere Zeit vernachlässigt, so bilden die Pflanzen ein dichtes Gewirr von Trieben. Zu diesem Zeitpunkt ist ein regulärer Auslichtungsschnitt beinahe nicht mehr möglich. Berberitzen lassen sich auch gut verjüngen. Schneiden Sie deshalb im Spätwinter alle Äste auf ein Gerüst von etwa 50–80 cm zurück. Entfernen Sie ein Drittel der Äste sowie alle schwachen und abgestorbenen Triebe ganz. Die Pflanzen regenerieren sich sehr schnell, allerdings blühen sie erst im folgenden Jahr wieder. Beginnen Sie dann aber sofort und rechtzeitig wieder mit dem regulären Auslichtungsschnitt.

Besondere Hinweise: Der China-Sauerdorn wächst auch im Halbschatten und auf trockenen Standorten noch gut. Der Schnitt dieser Berberitze ist wegen ihrer steifen Dornen mitunter sehr unangenehm.

Schnittzeitpunkt: Auslichtungsschnitt im zeitigen Frühjahr oder nach der Blüte. Verjüngungsschnitt besser im Spätwinter.

Weitere Arten: Die Lanzen-Berberitze (*Berberis gagnepainii* var. *lanceifolia*) ist ein mittelhoher, dem China-Sauerdorn ähnlicher Strauch. Seine immergrünen Blätter sind schmal lanzettlich und bis zu 10 cm lang. Dadurch wirkt er wesentlich zierlicher, ist weniger dicht und hat im Alter etwas überhängende Zweigspitzen. Diese Berberitze ist auch für den kleineren Garten noch gut geeignet. Schnittmaßnahmen sind im Wesentlichen gleich wie bei *B. julianae*, weil die Lanzen-Berberitze aber etwas schwächer wächst, wird die Schnittintensität etwas geringer ausfallen.

Sorten von *Berberis × frikartii* sind dem China-Sauerdorn ähnlich, aber schwächer im Wuchs. Sie werden je nach Sorte nur 1,2–2 m hoch und breit und tragen kleinere Blätter. Schnittmaßnahmen sind nicht erforderlich, ein Verjüngungsschnitt auf 30–50 cm über dem Boden wird aber vertragen.

Die Warzen-Berberitze (*Berberis verruculosa*) ist ein langsam und dicht wachsender Kleinstrauch mit bis zu 1,5 m Höhe und Breite. Ihre 1–2 cm großen, dunkelgrünen Blätter sind unterseits bläulich grün, die 1–2 cm langen dreiteiligen Dornen sind sehr auffällig. Diese Berberitze blüht im Mai mit großen, goldgelben Einzelblüten. Eine der sehr robusten immergrünen Berberitzen mit vielseitigen Verwendungsmöglichkeiten, auch für Tröge und Gruppenpflanzungen. Schnittmaßnahmen sind nicht notwendig, ein starker Rückschnitt wird gut vertragen.

Die Schneeige Berberitze (*Berberis candidula*) ist ein dicht geschlossener, halbkugeliger Kleinstrauch von etwa 1 m Höhe und 1,5 m Breite. Diese Art unterscheidet sich von der Warzen-Berberitze durch die kleineren, am Rand eingerollten und unterseits schneeweißen Blätter. Sie ist auch für niedrige Hecken geeignet. Schnittmaßnahmen wie bei der Warzen-Berberitze.

Immergrüne Berberitzen sollten regelmäßig ausgelichtet werden, damit sie nicht zu dicht werden und im Strauchinneren verkahlen. Kürzen Sie einige Triebe jeweils um die Hälfte bis zu einer Verzweigung mit kräftigen jungen Trieben ein. Entfernen Sie von Zeit zu Zeit auch einzelne ältere Triebe an der Basis.

III–IV

Birke, Hänge-

Betula pendula 'Tristis'

Beschreibung: Die Hänge-Birke ist ein mittelhoher bis hoher Baum von 15–20 m Höhe. An seinem durchgehenden Stamm sind die Hauptäste anfangs ansteigend, später aber nach außen übergebogen, die Seitenäste hängen senkrecht zu Boden. Auch die Gemeine Birke (*Betula pendula*) wird oft in Gärten verwendet, obwohl sie sehr hoch wird und oft zu nahe am Haus steht. Prinzipiell lässt sich ein solcher Baum zwar schneiden oder dessen Krone einkürzen, aber dies ist mit großen Nachteilen verbunden. Der schöne Wuchs der Birke wird völlig zerstört und lässt sich auch nach vielen Jahren nicht wieder herstellen. Generell würde man einen solch großen Eingriff im Winter durchführen, was allerdings dazu führt, dass der Baum wochenlang „blutet" und nach dem Kappen der Krone sicher geschwächt sein wird. Deshalb schneidet man Birken im Sommer. Der Baum treibt dann wieder aus, vorausgesetzt er ist nicht ohnehin schon stark überaltert, allerdings wird sich seine Krone nur noch besenartig entwickeln.

Erziehungsschnitt: Die natürlich gewachsenen Hängeformen wie bei der Hänge-Birke bilden zunächst von sich aus oder mit Hilfe eines Stützpfahls einen senkrecht nach oben strebenden Leittrieb aus. Später verzweigen sie sich bogenförmig, diese Triebe hängen herab oder wachsen direkt zu Boden. Die weiterhin aufrecht wachsenden Triebe dürfen Sie auf keinen Fall abschneiden, denn diese dienen zur Stammverlängerung. Dadurch werden diese Bäume noch höher, die Zweige neigen sich dann weiter oben bogenförmig nach unten, verzweigen sich erneut und fallen schließlich kaskadenartig herunter.

Erhaltungsschnitt: Er besteht lediglich im Entfernen der Äste im unteren Stammbereich bis zur gewünschten Kronenhöhe.

Aus einer Hochstammveredelung ist die Trauerbirke ('Youngii') hervorgegangen. In diesem Fall wird die überhängende Sorte auf einen astfreien Stamm der Birke in Kronenhöhe veredelt. Ein Erziehungsschnitt ist nicht nötig, da dieser bereits in der Baumschule durchgeführt wurde. Der Erhaltungsschnitt besteht darin, alle Triebe zu entfernen, die sich direkt am Stamm entwickeln.

Besondere Hinweise: Ein Verjüngungsschnitt ist sowohl bei der Hänge-, als auch bei der Trauer-Birke nicht möglich. Birken sollten Sie keinesfalls im Winter schneiden, da sie ansonsten stark „bluten", d. h. den unter Druck stehenden Saft verlieren.

Schnittzeitpunkt: Nur Sommerschnitt, Unterlagentriebe entfernen.

Links: Ist der Baumpfahl zu kurz, muss eine Verlängerung angebracht und der Leittrieb weiterhin aufgebunden werden. Die Triebe im unteren Stammbereich werden nun sukzessive entfernt, bis die gewünschte astfreie Stammhöhe erreicht ist.

Rechts: Bei dieser Hochstammveredlung einer Hängeform darf der Baumpfahl nicht in die Krone hineinreichen. Entfernen Sie nur die kräftigen, nach oben wachsenden Triebe. Auch die am Stamm entwickelten Triebe müssen entfernt werden, denn diese stammen bei Hochstammveredlungen immer von der Unterlage.

VIII–IX

Blauraute, Silber-Perovskie

Perovskia atriplicifolia

Beschreibung: Die Blauraute ist ein etwa 1 m hoher, aufrecht wachsender, vieltriebiger, aber wenig verzweigter, aromatisch duftender Halbstrauch. Seine fiederförmigen, graufilzigen Blätter sitzen vor allem im unteren Drittel der Triebe. An den Enden der diesjährigen Triebe entwickeln sich von Mitte Juli bis Ende Oktober Ähren mit zahlreichen violettblauen, kleinen Blüten. Für ein gutes Gedeihen benötigt die Blauraute einen durchlässigen Boden sowie einen warmen, sonnigen Standort. Die oberirdischen Pflanzenteile sterben im Winter ab. Die Pflanze regeneriert sich im folgenden Frühjahr aus der verholzenden Basis. Generell entwickeln sich Halbsträucher als Jungpflanzen sehr rasch, blühen und fruchten oft schon im ersten Jahr nach der Vermehrung. Ohne Schnittmaßnahmen verkahlen sie in den Folgejahren bereits zunehmend. Zwar entwickeln sie im oberen Zweigbereich nach wie vor neue Triebe, diese werden aber zusehends kürzer und die Blühwilligkeit nimmt rasch ab. Nach etwa 8–10 Jahren sind sie dann erschöpft und vergreisen. In dieser Phase ist ein Verjüngungsschnitt nicht mehr zielführend. Durch den alljährlich durchgeführten Schnitt im zeitigen Frühjahr vor dem Austrieb werden die Pflanzen nicht nur von Jahr zu Jahr schöner und blühen mehr und mehr, gleichzeitig wird das Vergreisen sehr lange hinausgezögert. Achten Sie auch darauf, dass der Standort optimal ist und pflanzen Sie am besten 2–3 Sträucher zusammen.

Erziehungsschnitt: Schneiden Sie nach dem Pflanzen im Frühjahr alle vorjährigen Triebe auf 5–10 cm über der Basis zurück. In den Folgejahren kürzen Sie dann vor dem Austrieb im Frühjahr wieder alle vorjährigen Triebe bis auf wenige Knospen ein, sodass sich langsam ein leicht verholztes Gerüst aufbaut.

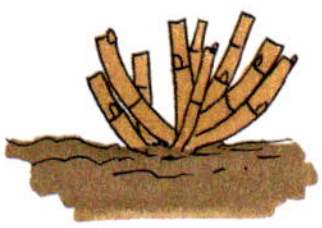

Erhaltungsschnitt: Kürzen Sie alljährlich im Frühjahr vor dem Austrieb alle vorjährigen Triebe bis auf drei bis vier Knospen ein. Schneiden Sie bei älteren Pflanzen auch jene alten Teile des Gerüsts heraus, die im vergangenen Jahr keine neuen Triebe mehr entwickelt haben.
Verjüngungsschnitt: Sträucher, die nie geschnitten wurden, sind sehr kurzlebig. Schneiden Sie das alte Holz heraus, das keine Triebe mehr aus der Basis entwickelt, und kürzen Sie alle übrigen vorjährigen Triebe auf drei bis vier Knospen ein.
Besondere Hinweise: Überalterte Blaurauten regenerieren sich nur schlecht. Ersetzen Sie diese besser durch junge kräftige Pflanzen.
Schnittzeitpunkt: Zeitiges Frühjahr vor dem Austrieb.

Links: Bei Halbsträuchern wie der Blauraute werden alle Triebe im späten Frühjahr vor dem Austrieb bis knapp über dem Boden zurückgeschnitten.

Rechts: Daraus entwickeln sich dann wieder blühwillige Halbsträucher.

V

Blauregen, Japanischer

Wisteria floribunda

Beschreibung: Sommergrüne, sehr starkwüchsige und bis zu 8 m hoch sich windende Kletterpflanzen mit wechselständigen, unpaarig gefiederten Blättern. Die violetten Schmetterlingsblüten erscheinen in bis zu 50 cm langen, hängenden Trauben im Mai. Sie entwickeln sich an Kurzsprossen am ausgereiften, alten Holz. Die Blüten öffnen sich vom Ansatz zur Spitze hin sukzessive (!) und erscheinen mit den Blättern.
Erziehungsschnitt: In allen Fällen ist es wichtig, ein Gerüst aus einem oder wenigen Trieben zu erziehen, welches lebenslang erhalten bleibt und an welchem dann die blütentragenden Kurztriebe erzogen werden. Die Blütenknospen sitzen an der Basis der vorjährigen Triebe. Es dauert zumindest drei bis vier Jahre, bis ein entsprechendes Gerüst aufgebaut ist.
Erziehen Sie nur einige wenige Hauptäste und binden Sie diese an der Kletterhilfe fest. Wenn sich die Pflanze um das Gerüst windet, lösen Sie diese und binden sie ebenfalls fest. Kürzen Sie den Verlängerungstrieb jedes Jahr im Spätsommer oder Winter auf etwa 1 m ein; dadurch wird die Pflanze zur Bildung von Seitentrieben angeregt.
Erhaltungsschnitt: Bei etablierten Pflanzen werden alle Kurztriebe in zwei Schritten eingekürzt. Kürzen Sie im Sommer, etwa zwei Monate nach der Blüte, alle Seitentriebe auf etwa 30–50 cm ein. Dadurch wird das Wachstum gebremst und die Bildung von Blütenknospen angeregt. Kürzen Sie im darauf folgenden Winter die im Sommer schon einmal zurückgeschnittenen Kurztriebe auf zwei bis drei Knospen ein. Die an der Basis der Kurztriebe sitzenden Blütenknospen lassen sich nun leicht von den Blattknospen unterscheiden. Im Laufe der Jahre entwickeln sich verdickte „Köpfe“, an deren Kurztriebe sich die meisten Blütenknospen bilden. Lässt die Blühwilligkeit nach, so schneiden Sie nach und nach

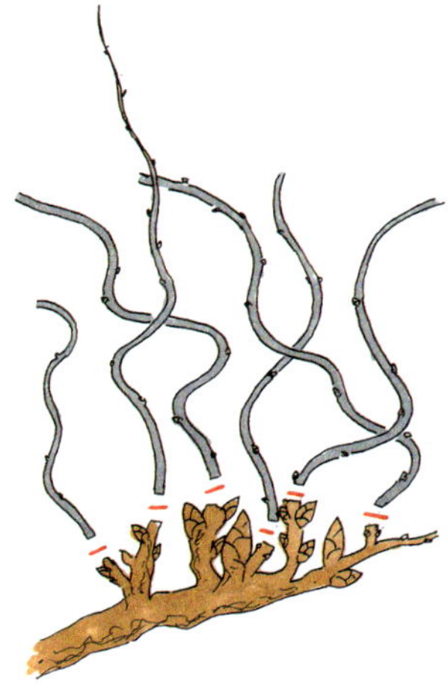

die ältesten Verzweigungen mit den „Köpfen“ heraus und erziehen ersatzweise neue blühwillige Kurztriebe heran.

Verjüngungsschnitt: Der Blauregen ist ein sehr langlebiger Kletterstrauch. Bei regelmäßigem Rückschnitt erübrigt sich ein Verjüngungsschnitt. Schneiden Sie, falls dieser unbedingt notwendig ist, immer nur einen der Haupttriebe heraus und binden Sie dafür einen geeigneten Ersatztrieb in das Gerüst ein.

Besondere Hinweise: Meist sind die Pflanzen veredelt. Achten Sie deshalb nach der Pflanzung darauf, dass die Unterlage nicht durchtreibt und entfernen Sie diese nötigenfalls.

Schnittzeitpunkt: 1. Schnitt im Sommer, 2. Schnitt im zeitigen Frühjahr.

Links: Der Erhaltungsschnitt beim Blauregen besteht aus dem Sommerschnitt und dem Frühjahrschnitt. Wenn die Hauptachse und die Verzweigungen entsprechend entwickelt sind, dann kürzen Sie diese alljährlich Ende Juli auf die gewünschte Länge zurück. Alle für das Gerüst nicht benötigten Seitentriebe kürzen Sie ebenfalls Ende Juli/Anfang August auf etwa 30 cm ein. Das ungestüme Wachstum des Blauregens wird dadurch etwas eingebremst. Wenn sich nochmals neue Triebe entwickeln sollten, brechen Sie diese vor dem Verholzen aus. Durch diesen Schnitt wird die Bildung von Blütenknospen angeregt.

Rechts: Kürzen Sie im zeitigen Frühjahr vor dem Austrieb die bereits im vorigen Sommer eingekürzten Triebe nochmals auf etwa 10 cm oder sechs bis acht Augen ein.

Deutzie, Raue, Hybrid-Deutzien

Deutzia scabra, Deutzia × hybrida, Deutzia × magnifica

Beschreibung: Deutzien sind sommergrüne und je nach Art und Sorte mittelgroße Sträucher, die 3–4 m hoch werden können. Ihre Grundtriebe sind meist horstartig angeordnet, oft straff aufrecht wachsend und im mittleren Strauchabschnitt oft etwas sparrig verzweigt. Die durchweg robusten Sträucher verkahlen im Alter an der Basis stark. Ihre glockigen, gelegentlich auch schalenförmigen Blüten sind weiß oder rosa gefärbt, in Trauben oder Rispen vereint und öffnen sich im Juni an den neuen Trieben des vorjährigen Holzes. Durch den Schnitt soll ein buschiger Wuchs erreicht und die Bildung von blühfähigem Holz angeregt werden.

Erziehungsschnitt: Beim Pflanzschnitt kürzen Sie die Triebe etwa um ein Drittel ein und entfernen schwache und beschädigte Triebe.

Erhaltungsschnitt: Entfernen Sie von nun an alljährlich die abgeblühten Triebe. Kürzen Sie dazu etwa Ende Juni alle abgeblühten Triebe auf darunter befindliche junge Triebe am älteren Holz zurück. Schneiden Sie nach drei bis vier Jahren zusätzlich auch regelmäßig jeweils einige der älteren Äste an der Basis heraus oder schneiden Sie diese auf kräftige, tiefer liegende Verzweigungen zurück.

Verjüngungsschnitt: Wurden die Sträucher längere Zeit nicht geschnitten, dann wird ein Verjüngungsschnitt Abhilfe schaffen. Deutzien sind gut schnittverträglich. Entfernen Sie dazu im Spätwinter die alten Triebe an der Basis und kürzen die restlichen, etwas jüngeren bei Verzweigungen ein.

Besondere Hinweise: Deutzien müssen gut mit Feuchtigkeit versorgt sein. Bei Trockenheit werden ihre Blätter schnell schlapp und der Strauch reagiert mit dem Abwurf von Blättern und Blüten.

Schnittzeitpunkt: Auslichtungsschnitt nach der Blüte im Juni, bei Verzicht auf einen Teil der Blüten auch im zeitigen Frühjahr möglich, Verjüngungsschnitt im Spätwinter.

Weitere Arten: Schwachwüchsige und kleinbleibende Deutzien sind die Zierliche Deutzie (*Deutzia gracilis*), Lemoines Deutzie (*Deutzia × lemoinei*), Rosa Deutzie in Sorten (*Deutzia × rosea*) und die Kalmiablütige Deutzia (*Deutzia × kalmiiflora*). Diese schwachwüchsigen, bis zu 1,5 m hohen Deutzien blühen meist schon im Mai und wachsen nicht so straff aufrecht wie ihre starkwüchsigen Verwandten. Dennoch fördert der Schnitt den buschigen Wuchs dieser eher breit aufrecht bis locker übergeneigten Sträucher.

Erziehungsschnitt: Kürzen Sie bei der Pflanzung die Triebe etwa um ein Drittel ein und entfernen Sie schwache und beschädigte Triebe.

Erhaltungsschnitt: Schneiden Sie alljährlich die abgeblühten Triebe auf junge Triebe unter dem abgeblühten Holz zurück. Entfernen Sie auch regelmäßig in ein- bis zweijährigem Turnus einzelne ältere Triebe an der Basis, damit die Bildung von neuen, blütentragenden Ersatztrieben aus der Strauchbasis angeregt wird.

Verjüngungsschnitt: Deutzien vertragen auch einen scharfen Rückschnitt, benötigen dann aber ein weiteres Jahr, bis sie wieder blühen.

Schnittzeitpunkt: Auslichten nach der Blüte Ende Mai bis Anfang Juni, Verjüngung im Spätwinter.

Links: Bei der Pflanzung werden alle kräftigen Jungtriebe stark eingekürzt, damit sich der Strauch wie hier gezeigt verzweigt.

Rechts: Schneiden Sie bei der Deutzie Ende Juni alle abgeblühten Triebe auf junge Triebe zurück. Entfernen Sie auch regelmäßig ältere Triebe an der Basis der Sträucher.

VI–IX

Eibisch, Echter Rosen-, Hibiscus

Hibiscus syriacus

Beschreibung: Der Echte Roseneibisch entwickelt sich zu einem sommergrünen, etwa 2 m (mitunter sogar bis zu 3 m) hohen und 1,5 m breiten, oft straff aufrecht wachsenden Strauch. Allerdings können sehr alte Exemplare mitunter genauso breit wie hoch werden, dies ist aber abhängig von der jeweiligen Sorte. Ihre bis zu 14 cm großen, attraktiven, malvenähnlichen Einzelblüten entfalten sich entlang der diesjährigen Triebe von Ende Juni bis September. Die zahlreichen Sorten können von Weiß über Blau und Rosa bis hin zu Violett alle möglichen Farbenvarietäten enthalten, oft besitzen sie einen großen Augenfleck und erscheinen dann zweifarbig. An den großen, eiförmigen Fruchtkapseln kann man die Pflanzen auch im Winter leicht erkennen.

Erziehungsschnitt: Entfernen Sie nach dem Pflanzen alle schwachen und verletzten Triebe. Die jungen Pflanzen müssen auch in den folgenden Jahren stark zurückgeschnitten werden, damit die Verzweigung an der Basis gefördert wird. Bei der Erziehung von Stämmchen oder Hochstämmen braucht man viel Geduld, denn diese benötigen mehrere Jahre, bis sie fertig entwickelt sind. Kürzen Sie nach dem Pflanzen die Verzweigungen der noch jungen Pflanze auf zwei bis drei Knospen ein und lassen Sie den Hauptstamm ungeschnitten, wenn dieser gut entwickelt ist. Kürzen Sie in den folgenden Jahren etwa im Februar wiederum alle seitlichen Verzweigungen auf eine Knospe und den Leittrieb auf fünf bis sechs Knospen ein. Hat der Stamm nach einigen Jahren die gewünschte Höhe erreicht, dann bauen Sie aus den stärksten Ästen die Krone auf, indem Sie diese Triebe auf wenige Knospen einkürzen, die Stammverlängerung kappen und alle seitlich am Stamm wachsenden Zweige nun ganz entfernen.

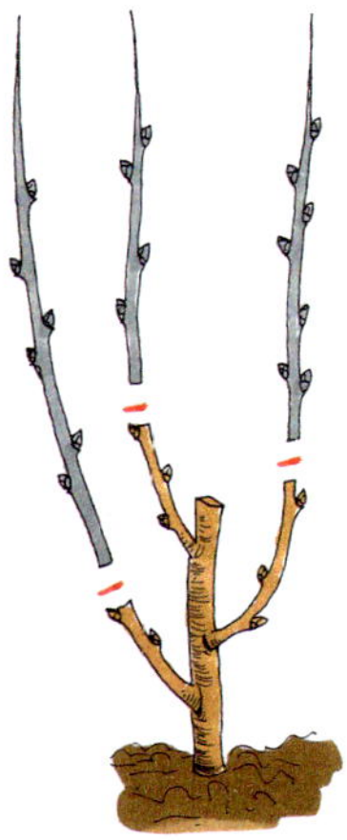

Erhaltungsschnitt: Hat sich der Habitus des Strauchs einmal zufriedenstellend entwickelt, dann schneiden Sie nur mehr schwache und abgetrocknete Triebe weg. Dünne Triebe kürzen Sie bis auf wenige Knospen ein. Wächst der Roseneibisch mit zunehmendem Alter etwas unregelmäßig oder einseitig, dann entfernen Sie die unerwünschten Triebe entweder an der Basis oder setzen Sie diese auf geeignete junge Triebe zurück.

Sie können den Blütenansatz noch beträchtlich erhöhen, indem Sie jedes Jahr im Spätwinter alle vorjährigen fruchttragenden Triebe um ein Drittel einkürzen. Dadurch wird der Strauch allerdings etwas dichter. Dem können Sie mit einem regelmäßig durchgeführten, leichten Auslichtungsschnitt entgegenwirken.

Bei entwickelten Hochstämmen oder Stämmchen können Sie in den Folgejahren die Krone frei wachsen lassen oder auch wie bei einer Kopfweide verfahren, indem Sie alljährlich etwa im Februar alle vorjährigen Triebe bis auf wenige Knospen auf das kräftige Astgerüst zurückschneiden.

Links: Pflanzschnitt beim Roseneibisch: Alle Triebe werden bis auf wenige Knospen eingekürzt, damit sich der Strauch von der Basis an verzweigt.

Rechts: Beim Erziehungs- oder Aufbauschnitt werden im zeitigen Frühjahr alle vorjährigen Triebe auf wenige Zentimeter eingekürzt.

Verjüngungsschnitt: Wenn sich der Strauch einseitig entwickelt hat oder zu groß geworden ist, kann ein Verjüngungsschnitt Abhilfe schaffen. Entfernen Sie die überalterten sowie alle abgestorbene Triebe und kürzen Sie die verbleibenden um zwei Drittel ein.

Besondere Hinweise: Durch entsprechende Schnittmaßnahmen können Sie die Wuchsform des Roseneibischs sehr gut beeinflussen.

Schnittzeitpunkt: Zeitiges Frühjahr vor dem Austrieb.

Felsenbirne, Kupfer-

Amelanchier lamarckii

Beschreibung: Großer, sommergrüner Strauch oder kleiner Baum mit locker aufgebautem Habitus. Die Kupfer-Felsenbirne schmückt sich mit weißen Blütenrispen, die vor dem Laubaustrieb im April bis Mai an den vorjährigen Zweigen erscheinen. Sehr attraktiv ist auch der bronzefarbene Laubaustrieb. Die kleinen schwarzblauen, süß schmeckenden Früchte reifen im Frühsommer und sind essbar. Die Kupfer-Felsenbirne ist besonders wegen ihrer wunderschönen orangefarbenen bis leuchtend roten Herbstfärbung bekannt und beliebt. Die Pflanzen erneuern sich nur bei jungen Exemplaren an der Basis, später erfolgt der neue Zuwachs nur mehr an den Triebspitzen. Um ein Verkahlen an der Basis zu verhindern, sollten Sie rechtzeitig mit einem vorsichtigen Auslichtungsschnitt beginnen. Viele Baumschulen bieten die Sorte 'Ballerina' an. Sie unterscheidet sich von der Art durch den besonders reichen Fruchtbehang und die etwas größeren Früchte. Die Pflanze wird manchmal auch als „Korinthenstrauch" verkauft und bietet sich für die Verwendung in „Naschhecken" an. Achten sie in diesem Fall darauf, dass die Pflanzen nicht zu hoch werden, damit Sie die Früchte noch erreichen können. Beginnen Sie also rechtzeitig (nach etwa 4–5 Jahren) einzelne dickere Äste auf jüngere Triebe im basisnahen Bereich zurückzusetzen. Auf diese Weise erneuert sich der Strauch laufend und bleibt dabei gleichzeitig so klein, dass Sie die Früchte dauerhaft ohne Leiter ernten können.

Erziehungsschnitt: Kürzen Sie nach dem Pflanzen (bei wurzelnackten Pflanzen) alle Triebe um zwei Drittel ein. Entfernen sie bei jungen Pflanzen sowie bei Containerpflanzen alle schwachen und verletzten Zweige, damit sie sich von der Basis aus gut verzweigen und ein kräftiges Gerüst aufbauen.

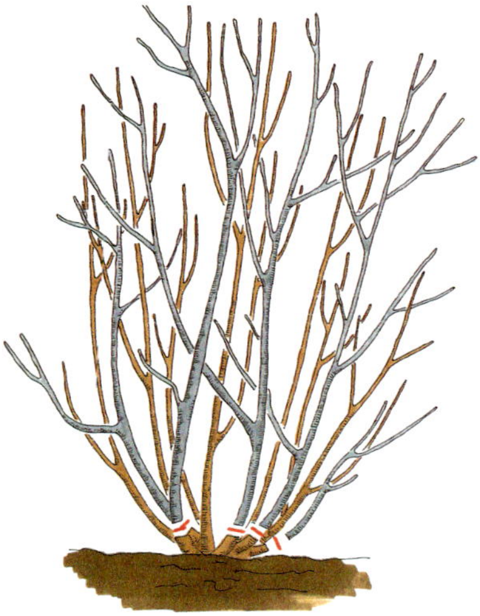

Erhaltungsschnitt bei entwickelter Felsenbirne: Entfernen Sie dazu drei bis fünf der ältesten Triebe an der Basis oder kürzen Sie kräftig entwickelte Seitentriebe ein, sodass das Strauchinnere wieder gut belichtet ist.

Erhaltungsschnitt: Ein leichter Auslichtungsschnitt ist erforderlich. Lassen Sie die Kupfer-Felsenbirne in den ersten drei bis vier Jahren wachsen, entfernen Sie nur einseitigen Wuchs und schneiden Sie sich kreuzende Triebe heraus. Beschädigte oder kranke Triebe sollten immer sogleich herausgeschnitten werden. Schneiden Sie in den folgenden Jahren in Abständen von zwei bis drei Jahren einzelne ältere, bzw. zu dicht stehende Triebe direkt bis zum Boden zurück, damit sich Neutriebe aus der Basis heraus entwickeln können. Werden die Pflanzen zu groß, so können Sie einzelne Triebe auch auf tiefer liegende Verzweigungen zurückschneiden. Stärkere Schnittmaßnahmen sollten im Winter durchgeführt werden.

Verjüngungsschnitt: Dieser ist bei vernachlässigten jüngeren Pflanzen möglich. Schneiden Sie im Winter alle Triebe bis zur Basis zurück. Die Pflanzen werden daraufhin sehr stark austreiben. Entfernen Sie deshalb im folgenden Sommer etwa ein Drittel, vor allem die schwachen und dünnen Triebe, damit sich der Strauch wieder natürlich entwickelt.

Besondere Hinweise: Überalterte Pflanzen mit dicken Stämmen regenerieren sich an der Basis nicht mehr, deshalb ist hier ein Verjüngungsschnitt nicht mehr möglich! Ist es trotzdem erforderlich, Maßnahmen zu setzen, dann tauschen Sie die überalterten Pflanzen gegen junge Pflanzen aus.

Schnittzeitpunkt: Spätwinter, vor dem Austrieb; geringfügiges Auslichten kann nach der Blüte oder im Sommer erfolgen.

Fingerstrauch, Gewöhnlicher

Potentilla fruticosa

Beschreibung: Der Fingerstrauch ist ein 1–1,5 m hoher Strauch mit dichtem, rundlichem Habitus und drei- bis siebenzähligen Blättchen. Die zahlreichen, 2–4 cm großen, gelben oder weißen Schalenblüten sitzen in dichten, end- oder seitenständigen Blütenständen. Die Blütezeit erstreckt sich von Mai bis September. Durch regelmäßigen Schnitt behalten die Sträucher ihre optimale Form und Blühwilligkeit. Es gibt sehr viele Sorten des Fingerstrauches: Sie unterscheiden sich durch ihre Wuchsstärke und unterschiedliche Blütenfarben. So gibt es rosa-, rot- und orangeblühende Sorten, die aber meist schwachwüchsig und oft auch etwas kalkempfindlich sind. Dies äußert sich durch eine hellgrünen Blattfärbung, oft begleitet von kümmerlichem Wuchs. In diesem Falle hilft kein Schnitt, sondern das Verbessern des Bodens mit kalkarmen Substraten (z. B. Torf, Quarzsand). Noch besser ist es, eine der robusteren, anspruchsloseren Sorten auszuwählen.

Erziehungsschnitt: Entfernen Sie bei der Pflanzung alle schwachen und beschädigten Triebe und kürzen Sie die restlichen Triebe um die Hälfte ein.

Erhaltungsschnitt: Schneiden Sie vor dem Austrieb im Frühjahr jeweils die ältesten Triebe bis zur Basis heraus und entfernen Sie auch den schwachen Wuchs. Es ist auch möglich, vor dem Austrieb im Frühjahr alle Triebe mit der Heckenschere etwa um ein Drittel oder die Hälfte einzukürzen. Nach dem ersten Blütenflor können Sie die abgeblühten Triebspitzen auch etwas kürzen und damit einen neuen Austrieb für einen weiteren Blütenflor anregen.

Verjüngungsschnitt: Bestehen die überalterten Pflanzen aus vielen dünnen, teils kahlen und nur mehr wenig blühenden Trieben, dann kürzen Sie alle etwas stärkeren Triebe im Spätwinter auf

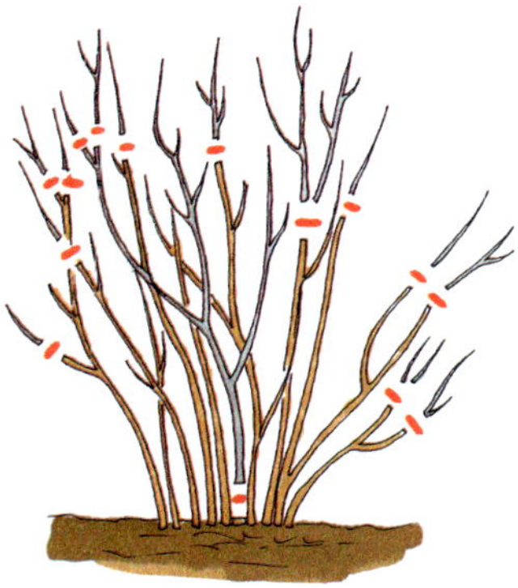

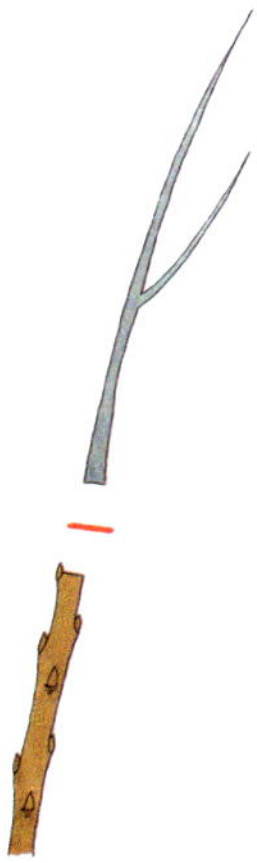

10–15 cm über dem Boden ein und entfernen alle dünnen und schwachen Triebe ganz. Die Pflanzen blühen in diesem Jahr nicht mehr, sondern erst in der folgenden Saison.
Besondere Hinweise: Ohne Schnitt neigen die Sträucher dazu, viele alte, verzweigte und schlecht blühende Zweige anzusammeln. Stark überalterte Sträucher mit verholzten Trieben lassen sich nicht mehr zufriedenstellend verjüngen.
Schnittzeitpunkt: Vor dem Austrieb im zeitigen Frühjahr.

Links: Kürzen Sie beim Fingerstrauch vor dem Austrieb im Frühjahr die Triebe um etwa ein Drittel ein. Entfernen Sie schwaches Holz an der Basis.

Rechts: Detail des Schnittes: Kürzen Sie die Triebe ohne Rücksicht auf vorhandene Knospen stark ein, sie werden sich in jedem Fall aus den zahlreichen schlafenden Knospen an der Basis wieder regenerieren.

V

Flieder, Gewöhnlicher

Syringa vulgaris

Beschreibung: Der Gewöhnliche Flieder ist ein breit aufrechter, etwas steiftriebiger, mehrstämmiger Großstrauch oder kleiner Baum von 4–6 m Wuchshöhe. Er treibt viele Ausläufer, dies sollte man bei der Kombination mit anderen schwächerwüchsigen Gehölzen oder einer Unterpflanzung mit Stauden unbedingt beachten. Die stark duftenden Blütenrispen sind violett, bei Sorten auch weiß, rosafarben und purpurrot, mitunter sogar zweifarbig, sitzen endständig und meist paarweise an der Spitze der vorjährigen Triebe. Sie öffnen sich in der ersten Maihälfte. Bei den Schnittmaßnahmen müssen Sie wegen der Bildung von Wurzelausläufern beachten, ob die Sträucher aus Veredelungen hervorgegangen sind oder ob es sich um wurzelechte Pflanzen handelt.

Erziehungsschnitt: Entfernen Sie schwache und beschädigte Triebe und kürzen Sie die Spitzen der kräftigen Triebe um ein Drittel ein, damit sich die Pflanzen von der Basis an buschig aufbauen und sich eine ausgewogene Wuchsform entwickeln kann. Im Pflanzjahr blühen die Sträucher dann natürlich nicht.

Erhaltungsschnitt: Der Gewöhnliche Flieder muss nicht unbedingt geschnitten werden. Er wird über viele Jahre hindurch reichlich blühen, wenn Sie regelmäßig einzelne blühende Zweige als Vasenschmuck abschneiden. Allerdings beginnen die Sträucher nach längerer Zeit etwas zu vergreisen und sind dann nur mühsam zu verjüngen. Der Erhaltungsschnitt beim Flieder wird nach der Blüte im Mai/Juni durchgeführt. Entfernen Sie die verwelkten Blüten behutsam. Zu diesem Zeitpunkt werden an den Enden der Neutriebe bereits die Blütenknospen für das nächste Jahr gebildet. Sobald die Pflanzen voll entwickelt sind, ist es sinnvoll, jedes Jahr nach der Blüte im Frühsommer einige Triebe bei kräftigen Verzweigungen etwas tiefer heraus-

Entfernen Sie beim Flieder gleich nach der Blüte die abgeblühten Blütenstände (siehe Detail), verletzen Sie dabei aber nicht die darunter befindlichen, bereits entwickelten jungen Triebe. Entfernen Sie auch die Ausläufer bei veredelten Sorten

zuschneiden. Dies ist notwendig, damit das Innere der Sträucher aufgrund von Lichtmangel nicht verkahlt. Bei der Wildform sowie bei wurzelecht durch Stecklinge oder In-vitro-Vermehrung entstandenen Pflanzen stellen Wurzelausläufer kein Problem dar. In diesen Fällen blühen sie gleich wie die Sträucher. Bei Fliederhochstämmen sind Wurzelausläufer natürlich nicht erwünscht. Bei den veredelten Fliedersorten müssen Bodentriebe, Wurzelausläufer und Austriebe unterhalb der Veredlungsstelle sofort entfernt werden, da es sich dabei um die Unterlage (die Wildform des Gewöhnlichen Flieders) handelt.

Verjüngungsschnitt: Der Gewöhnliche Flieder reagiert auf einen scharfen Verjüngungsschnitt recht gut, doch sollte dieser auf zwei bis drei Jahre verteilt werden. Kürzen Sie im Spätwinter alle Grundtriebe auf 30–60 cm über dem Boden ein. Diese werden zahlreiche neue Triebe bilden. Entfernen Sie diese bis auf zwei bis drei im Sommer und lassen Sie die übrigen unbeschnitten. Die Pflanzen werden frühestens in zwei bis drei Jahren erstmals wieder blühen. Besser wäre es, den Verjüngungsschnitt von vornherein auf zwei bis drei Jahre zu verteilen, indem Sie zu Beginn nur ein Drittel oder die Hälfte der Triebe wie oben beschrieben behandeln und die übrigen erst im folgenden Jahr verjüngen.

Besondere Hinweise: Der Zwerg-Duft-Flieder (*Syringa meyeri* 'Palibin') wird oft als Stämmchen kultiviert. Als Unterlage wird dabei der Gewöhnliche Flieder verwendet. Alle Unterlagentriebe sowie die sich an den Stämmchen unterhalb der Veredlungsstelle entwickelnden Austriebe müssen Sie regelmäßig entfernen! 'Josée' ist ebenfalls eine interessante kleinbleibende Fliedersorte. Sie wird etwa 2 m hoch. Ein leichter Auslichtungsschnitt nach der Blüte im Mai hält diesen Flieder klein und kompakt, er ist eine Bereicherung für Vorgärten und beengte Gartensituation.

Schnittzeitpunkt: Auslichten nach der Blüte im Frühsommer, Verjüngungsschnitt im Spätwinter.

III–IV

Forsythie, Garten-, Goldglöckchen

Forsythia × intermedia

Beschreibung: Forsythien sind sommergrüne, mittelgroße, etwa 2–3 m hohe Sträucher, die durch die mesotone Verzweigung oft eine breit ausladende Wuchsform annehmen. Die leuchtend gelben Blüten erscheinen vor dem Laubaustrieb ab März sowohl an den einjährigen als auch an den Verzweigungen der zwei- und dreijährigen Triebe. Lässt man Forsythien über lange Zeit ungeschnitten, so bilden sie nach oben hin lange, kräftige Triebe. Die Mitte verzweigt sich zunehmend und wird dadurch dichter. Gleichzeitig verkahlen die Pflanzen an der Basis. Blüten entwickeln sich dann nur mehr am äußersten Rand und die Blühwilligkeit lässt allgemein stark nach.
Erziehungsschnitt: Schneiden Sie nach dem Pflanzen schwache und beschädigte Triebe ganz weg und kürzen Sie die kräftigen, gesunden Triebe um die Hälfte oder zwei Drittel ein. Nach dem Pflanzschnitt sollten sich die Sträucher etwa zwei Jahre ungehindert entwickeln können.
Erhaltungsschnitt: Schneiden Sie nach der Blüte im März alle abgeblühten Zweige bis zur Hälfte oder zumindest bis zu einer kräftigen Knospe oder einem kräftigen, jungen, nach oben wachsenden Trieb zurück. In den Folgejahren sollte die Mitte regelmäßig ausgelichtet werden. Schneiden Sie zu diesem Zweck einige der ältesten Triebe auf kräftige, junge Triebe zurück. Später entfernen Sie auch nach und nach die alten Grundtriebe an der Basis. Die Schnittmaßnahmen werden im Frühjahr unmittelbar nach der Blüte durchgeführt.
Da die Forsythie an den einjährigen sowie an den Seitentrieben des zwei- und dreijährigen Holzes blüht und sich im mittleren Bereich gut verzweigt, blüht sie auch als geschnittene Hecke beziehungsweise als formiertes Gehölz recht gut.

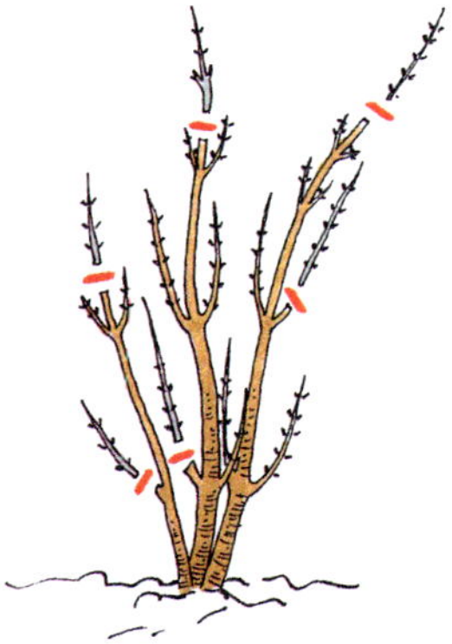

Verjüngungsschnitt: Alte Forsythien bilden ein dichtes Gestrüpp von schwachen und blattlosen Zweigen, die kaum mehr blühen. Vernachlässigte Pflanzen regenerieren sich durch einen Verjüngungsschnitt wieder. Dieser sollte auf zwei bis drei Jahre verteilt werden. Der Verjüngungsschnitt wird im Winter oder zeitigen Frühjahr durchgeführt. Lassen Sie vier oder fünf kräftige Trieben stehen und schneiden Sie alle übrigen wenige Zentimeter über dem Boden ab. Im folgenden Spätwinter entfernen Sie vor dem Austrieb dann alle schwach entwickelten Triebe und schneiden auch die aus dem Vorjahr verbliebenen vier bis fünf alten Triebe knapp über dem Boden heraus. Schneiden Sie alle starken Triebe gleichzeitig auf 50–60 cm zurück, dann muss der Strauch in den Folgejahren aus den kräftigen Austrieben neu aufgebaut werden.
Besondere Hinweise: Pflanzen, die schon vergreist sind, vorher aber nie geschnitten wurden, regenerieren sich auch nach kräftigem Schnitt nicht mehr ausreichend.

Links: Beim Pflanzschnitt werden alle schwachen Triebe entfernt und die kräftigen eingekürzt.

Rechts: Beim Erhaltungsschnitt werden alle abgeblühten Triebe nach der Blüte Ende März um die Hälfte, zumindest aber bis zu einer kräftigen Knospe oder einem kräftigen Jungtrieb zurückgeschnitten.

Weitere Arten: Zwerg-Forsythien (*Forsythia* 'Boucle d'Or', 'Happy Centennial', 'Marée d'Or', 'Melée d'Or') werden kaum größer als 60–100 cm. Ein Erhaltungsschnitt ist über Jahre hinweg nicht notwendig. Kürzen Sie aber trotzdem jedes zweite oder dritte Jahr jeweils nach der Blüte einige Triebe um ein Drittel ein, um die Vergreisung dieser eher kurzlebigen Pflanzen hinauszuzögern.
Schnittzeitpunkt: Auslichtungsschnitt nach der Blüte, Verjüngungsschnitt im Spätwinter.

VI–IX

Fuchsie, Scharlach-, Winterharte Fuchsie

Fuchsia magellanica

Beschreibung: Die Mehrzahl der Fuchsiensorten werden ausschließlich als Topfpflanzen kultiviert und sind nicht winterhart. Im Gegensatz dazu kann die Scharlach-Fuchsie oder Winterharte Fuchsie im Garten ausgepflanzt werden. So groß und üppig entwickelt wie in Irland oder Südengland wird sie bei uns in Mitteleuropa zwar nicht, nach einigen Standjahren wächst sie aber zu einem durchaus respektablen Strauch heran. Sie zeigt einen breitbuschigen, aufrechten Wuchs mit etwa 1 m Höhe und Breite. Die überaus attraktiven, glöckchenartigen, roten bis purpurnen Blüten entfalten sich am diesjährigen Trieb. Fuchsien blühen dann unermüdlich vom Sommer bis zu den ersten Frösten. In der Regel frieren sie dann im Winter stark, meist bis knapp über dem Boden zurück. Deshalb benötigen sie einen Winterschutz in Form einer Bodenabdeckung mit Laub. Allerdings regenerieren sich Fuchsien im Frühjahr relativ rasch und blühen trotzdem üppig vom Sommer bis zum Herbst. Damit sie sich auch entsprechend entwickeln können, brauchen sie einen halbschattigen, geschützten Standort in klimatisch etwas begünstigten Gegenden.

Erziehungsschnitt: Entfernen Sie nach der Pflanzung alle schwachen und beschädigten Triebe und kürzen Sie die restlichen Triebe um zwei Drittel ein, damit sie sich aus der Basis mit vielen Trieben erneuern. Schneiden Sie auch junge Pflanzen vor dem Austrieb stark zurück, damit sie buschig austreiben.

Erhaltungsschnitt: Sofern nicht schon im Spätherbst erfolgt, schneiden Sie im zeitigen Frühjahr alle alten, ohnehin meist vertrockneten Zweige aus dem Vorjahr auf ein niedriges, verholztes Gerüst von etwa 30 cm zurück. Sind die Triebe tiefer geschädigt (was meistens der Fall sein wird!), schneiden Sie die Pflanzen einfach

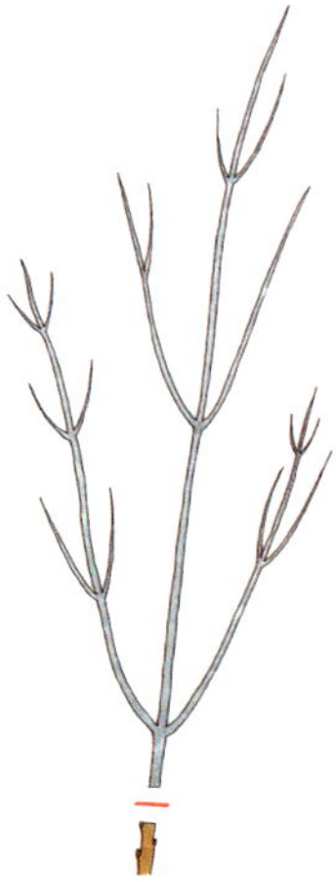

bis ins gesunde Holz knapp oberhalb der Basis zurück. Die bereits austreibenden Knospen müssen dabei geschont werden. Kürzen Sie alle Seitentriebe auf ein kräftiges Augenpaar ein. Die Pflanzen regenerieren sich recht gut und blühen den ganzen Sommer hindurch unermüdlich.

Verjüngungsschnitt: Wenn man Fuchsien über Jahre hinweg nicht schneidet, bilden sie eine Unzahl von schwachen, dünnen Zweigen, die kaum mehr blühen. Außerdem verkahlen sie an der Strauchbasis. Schneiden Sie deshalb vor dem Austrieb alle Triebe auf 5–7 cm über dem Boden zurück und entfernen Sie im Sommer dann die schwächsten Triebe, damit die Sträucher nicht zu dicht werden.

Besondere Hinweise: Junge Pflanzen der Scharlach-Fuchsie sind sehr frostempfindlich und können nach einer Herbstpflanzung bereits im ersten Winter erfrieren. Pflanzen Sie deshalb diese Fuchsien nur im späten Frühjahr, wenn keine strengen Fröste mehr zu erwarten sind. Wenn sie ganz sicher sein möchten, dann kultivieren Sie die jungen Sträucher ein Jahr lang wie „Kübelpflanzen", überwintern diese möglichst frostfrei und setzen diese dann erst im späten Frühjahr der zweiten Saison im Garten aus. Oder kaufen Sie einfach größere, gut entwickelte Solitärpflanzen, die schon entsprechend gut ausgereifte Triebe haben und bereits etwas verholzt sind. Pflanzen Sie die Winterharten Fuchsien immer etwas tiefer, damit sie sich nach strengen Wintern bzw. starken Frostschäden aus den Basisknospen wieder regenerieren können!

Schnittzeitpunkt: Rückschnitt spät im Frühjahr knapp vor dem Laubaustrieb.

In unseren Breiten friert die Fuchsie bis knapp über dem Boden zurück. Schneiden Sie deshalb vor dem Austrieb alle zurückgetrockneten Triebe bis auf wenige Zentimeter über dem Boden zurück (siehe Detail). Sie wird sich aus den basisnahen, geschützt überwinterten Knospen regenerieren.

V–VII

Geißblatt, Wald-

Lonicera periclymenum

Beschreibung: Das Wald-Geißblatt ist eine mittelstark wachsende, sich 3–6 m hoch schlingende, rechtswindende Kletterpflanze mit sommergrünen, gegenständig angeordneten Blättern. Ihre Blätter sind immer frei und auch an der Triebspitze nicht miteinander verwachsen. Die röhrigen, gelblich weißen oder rosaweißen Blüten erscheinen in kopfigen Ständen zu sechs bis acht Blüten von Mai bis Juni/Juli und duften stark. Es gibt einige Sorten mit abweichenden Blütenfarben.

Erziehungsschnitt: Schneiden Sie nach dem Pflanzen die Sträucher um zwei Drittel zurück, damit sich kräftige Triebe von der Basis aus entwickeln. Leiten Sie die kräftigen Triebe zum Gerüst und binden Sie diese an. Sobald sie selbst zu ranken beginnen, ist ein weiteres Anbinden nicht mehr nötig.

Erhaltungsschnitt: Da die Sprosse dicht ineinander verschlungen wachsen, ist ein gezielter Schnitt meist nicht möglich. Die Blüten entwickeln sich meist an Verzweigungen der vorjährigen, aber auch an diesjährigen Trieben. Wenn möglich, kürzen Sie die verblühten Triebe im Sommer um ein Drittel ein und entspitzen Sie die Triebe, wenn diese ihre endgültige Höhe erreicht haben. Steht nur wenig Platz zur Verfügung, dann schneiden Sie die Seitentriebe auf zwei bis drei Augen zurück. Bei ausreichendem Pflanzangebot müssen die Sträucher nicht geschnitten werden. Den Pflegeschnitt können Sie auch im Spätwinter durchführen. Dabei werden alle vorjährigen abstehenden Triebe auf wenige Knospenpaare eingekürzt, das Gerüst aus älteren Sprossen bleibt erhalten.

Verjüngungsschnitt: Die Geißblätter sprechen auf einen Verjüngungsschnitt gut an. Dies wird empfehlenswert sein, wenn die Pflanzen an der Basis verkahlen. Zur Verjüngung kürzen Sie alle kräftigen Triebe auf 50–60 cm über dem Boden

Beim *Geißblatt schlingen die Triebe ineinander, weshalb ein exakter Schnitt kaum möglich ist. Die Blüten werden an den Neutrieben vorjähriger Triebe und an den Enden diesjähriger Triebe gebildet. Lassen Sie deshalb das Gerüst der dicken Triebe unbeschnitten, kürzen Sie aber die vorjährigen, verblühten Seitentriebe kräftig ein. Zur Verjüngung können Sie die Pflanzen im zeitigen Frühjahr etwa 50 cm über dem Boden zurückschneiden.*

ein. Alle dünnen, vertrockneten und beschädigten Triebe entfernen Sie ganz. Die Pflanzen regenerieren sich normalerweise aus der Basis heraus gut und lassen sich wieder zu blühfreudigen Sträuchern aufbauen.

Besondere Hinweise: Auf trockenen Standorten ist das Geißblatt anfällig gegenüber Blattläusen. Insgesamt sind die Geißblattarten sehr anspruchslose Schlinger, die auch im Halbschatten noch gut gedeihen.

Schnittzeitpunkt: Zeitiges Frühjahr vor dem Austrieb.

Weitere Arten: Jelängerjelieber (*Lonicera caprifolium*) ist ähnlich dem Wald-Geißblatt, aber die obersten Blattpaare an den Triebspitzen sind miteinander verwachsen. Das Feuer-Geißblatt (*Lonicera × heckrottii*) ist etwas schwächerwüchsig, reichblütiger und intensiver purpurrot gefärbt. Die leuchtend roten bis orangeroten Röhrenblüten des Geißblatts 'Dropmore Scarlet' (*Lonicera × brownii* 'Dropmore Scarlet') sitzen in mehreren Quirlen übereinander; sie erscheinen in großer Anzahl von Juni bis September. Das Wintergrüne Duftgeißblatt (*Lonicera japonica*) ist eine starkwüchsige Kletterpflanze, die sich wegen ihres unbändigen Wuchses nicht mit anderen Kletterpflanzen kombinieren lässt. Die stark duftenden weißen bis cremefarbenen Blüten öffnen sich im Juni, im Herbst folgt meist eine beachtliche Nachblüte. Dieses Geißblatt schneiden Sie am besten im Spätwinter mit einer Heckenschere bis auf die Haupttriebe zurück. Diese können Sie dann noch um ein Drittel einkürzen. So halten Sie das Wintergrüne Duftgeißblatt am einfachsten in Bestform.

V

Ginster, Besen- und Edelginster

Cytisus scoparius, Sorten von *Cytisus scoparius*-Hybriden

Beschreibung: Der Besenginster ist ein vieltriebiger, besenartiger, aufrecht wachsender Rutenstrauch, der im Alter bis zu 2 m hoch und ebenso breit werden kann. Er blüht im späten Frühjahr am vorjährigen Holz mit großen, gelben Schmetterlingsblüten. Lässt man den Besenginster ungeschnitten, dann verkahlt er an der Basis. Er wird staksig und seine Triebe fallen auseinander.

Erziehungsschnitt: Entfernen Sie nach dem Pflanzen nur schwache und beschädigte Triebe. Kürzen Sie aber im selben Jahr gleich nach der Blüte im Mai alle Triebe unbedingt um zwei Drittel ein. Die Pflanzen treiben dadurch wesentlich dichter durch und bringen im folgenden Jahr reichlich Blüten hervor.

Erhaltungsschnitt: Entfernen Sie vor dem Austrieb im Frühjahr allenfalls aufgetretene Winterschäden. Bei gut entwickelten Pflanzen sollten Sie alle Triebe um ein bis zwei Drittel einkürzen, sobald der Strauch abgeblüht ist. Dabei muss unbedingt noch junges Holz vorhanden bleiben! Der jährliche Schnitt hemmt die Samenbildung und kräftigt die Pflanzen. Gleichzeitig wird dadurch der Strauch verjüngt und die Vergreisung der kurzlebigen Pflanzen hinausgezögert.

Verjüngungsschnitt: Bei einem Rückschnitt ins alte Holz treibt dieses nicht mehr aus.

Besondere Hinweise: Der frostempfindliche Besenginster und dessen Hybriden, die so genannten Edelginster, benötigen kalkarme Standorte und erleiden oft Winterschäden. Der kurzlebige Strauch wird maximal zehn bis zwölf Jahre alt.

Schnittzeitpunkt: Nach der Blüte im April/Mai.

Weitere Arten: Der Elfenbein-Ginster (*Cytisus × praecox*) ist eine etwa 1,5 m hoch wachsende Hybride, die wesentlich zierlicher ist als der Besen- bzw. Edelginster. Seine Triebe sind wesentlich

dünner, die Blüten kleiner, aber dafür viel zahlreicher. Im Gegensatz zum Edelginster ist er anpassungsfähiger und toleriert auch kalkhaltige Bodenverhältnisse. Schnitt und Pflege sind gleich wie beim Edel-Ginster.

Der Schwarzschoten-Ginster (*Cytisus nigricans* 'Cyni') ist ein reich- und spätblühender Ginster für sonnige, warme und trockene Standorte. Er blüht etwa ab Juni entlang der neuen Triebe in endständigen goldgelben Blütenrispen. Damit dieser Strauch viele Jahre attraktiv bleibt, muss er unbedingt alljährlich vor dem Austrieb auf das verholzte Gerüst (ähnlich wie die Bartblume!) zurückgeschnitten werden.

Der Färber-Ginster (*Genista tinctoria*) ist eine weitere interessante Ginsterart mit später Blüte. Seine goldgelben Blüten entfalten sich ab Juni/Juli an den Enden diesjähriger Triebe in verzweigten Blütenständen. Schneiden sie auch beim Färber-Ginster vor dem Austrieb im Spätwinter die vorjährigen Triebe bis auf kurze Stummel zurück (siehe Schnitt der Bartblume).

Links: Besenginster und Edelginster schneidet man gleich nach der Blüte. Kürzen Sie die abgeblühten Zweige Ende Mai um etwa zwei Drittel ein. Achten Sie darauf, dass noch genügend junges Holz vorhanden ist, da der Ginster aus altem Holz nicht mehr austreibt.

Rechts: Rückschnitt eines etablierten Ginsterstrauchs nach der Blüte. Die Zeichnung zeigt, wo eingekürzt wird.

V–VI

Hartriegel, Tatarischer, Sibirischer oder Weißer Hartriegel

Cornus alba

Beschreibung: Der Tatarische, Sibirische oder Weiße Hartriegel und deren Sorten werden hauptsächlich ihrer roten Zweigfärbung oder ihrer schön panaschierten weiß- oder gelbbunten Blätter wegen angepflanzt. Es sind 2–3 m hohe und ebenso breite, reich verzweigte, mittelhohe Sträucher mit mesotoner Verzweigung. Ihre im Alter bogig niederliegenden Zweigpartien bewurzeln sich leicht. Insgesamt sind die Sträucher dadurch im Alter meist breiter als hoch. Die 3–5 cm breiten, weißen Blütenstände entfalten sich im Mai/Juni am Ende kurzer Seitentriebe der vorjährigen Triebe. Im Herbst schmücken sie sich mit erbsengroßen, weißlichen bis blassbläulichen Früchten.

Erziehungsschnitt: Schneiden Sie die jungen Sträucher bei der Pflanzung stark zurück, damit sie sich von der Basis aus gut verzweigen und ein kräftiges Gerüst aufbauen. Entfernen Sie dann im folgenden Frühjahr alle schwachen und verletzten Zweige, kürzen Sie die restlichen Triebe um ein Drittel ein.

Erhaltungsschnitt: Wurde der Sibirische Hartriegel wegen der Blüten, Früchte oder des farbigen Laubs gepflanzt, so sollte er sich ohne Rückschnitt entwickeln können. Nach erfolgtem Erziehungsschnitt lassen Sie die Sträucher in den folgenden drei bis vier Jahren ohne weitere Schnittmaßnahmen wachsen. Entfernen Sie nur verletzte und einseitig oder zu stark wachsende Triebe. Später schneiden Sie alljährlich nur die alten Triebe vorerst bis zu einem kräftigen Jungtrieb an den Scheitelpunkten der Bögen heraus, später an der Basis.

Sorten, die Sie wegen der im Winter zierenden Triebe gepflanzt haben, benötigen einen regelmäßigen, starken Schnitt, damit sich möglichst

Kürzen Sie beim Sibirischen Hartriegel die älteren Triebe bis zu einem kräftig entwickIten Jungtrieb ein und schneiden Sie einzelne alte Triebe an der Basis heraus, um eine ständige Verjüngung zu gewährleisten.

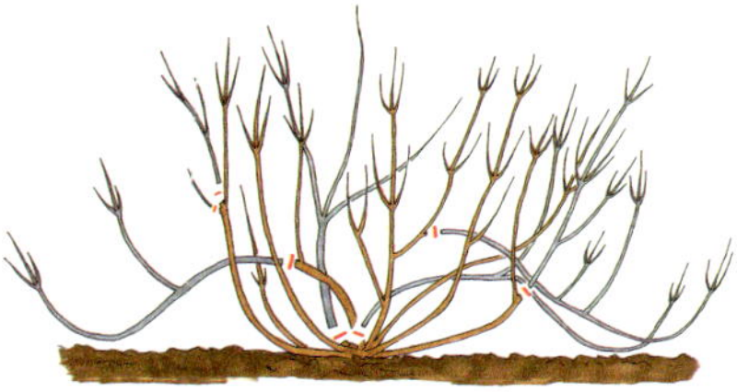

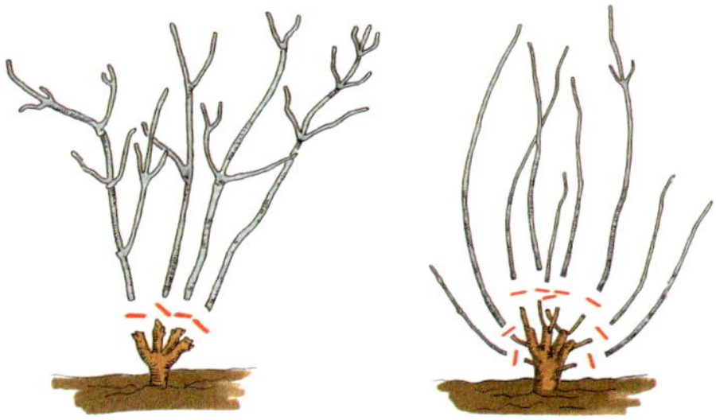

Wenn Sie besonderen Wert auf schön gefärbte Triebe im Herbst und Winter legen, dann schneiden Sie alljährlich im zeitigen Frühjahr die vorjährigen Triebe bis auf wenige Augen zurück, sodass bis zum Sommer jeweils wieder nur einjährige Triebe vorhanden sind. Links sind die Schnittmaßnahmen bei einer jungen Pflanze, rechts der Schnitt eines etablierten Strauches dargestellt.

zahlreiche Jungtriebe mit kräftig gefärbter Rinde entwickeln. Lassen Sie die Pflanzen im ersten Jahr ohne Schnitt wachsen und schneiden Sie zu Beginn des nächsten Jahres im zeitigen Frühjahr alle Triebe etwa 5–10 cm über dem Boden ab. In der Folge werden alljährlich alle Triebe auf zwei bis drei Augen des Vorjahrstriebs eingekürzt. Bei dieser Schnittmethode verzichten Sie natürlich auf Blüten und Früchte. Dafür entwickeln sich aber zahlreiche, schön entwickelte, gut ausgefärbte Jahrestriebe, die besonders im laublosen Zustand eine große Zierde darstellen.

Verjüngungsschnitt: Bei vernachlässigten Sträuchern ist es notwendig, das alte Holz in der Mitte herauszuschneiden. Lassen Sie aber nach Möglichkeit die jungen Triebe unbeschnitten. Nur wenn diese bereits lang und unverzweigt sind, dann kürzen Sie diese um die Hälfte oder zwei Drittel ein. Ältere Pflanzen entwickeln im Strauchinneren dicke und teils abgestorbene, dünne Triebe. Die Pflanzen lassen sich gut verjüngen, indem Sie im Spätwinter die alten, dicken Triebe bis zu kräftigen, bodennahen Jungtrieben oder 30–50 cm über dem Boden zurücknehmen. Junge, aus der Basis entspringende Triebe sollten Sie um zwei Drittel einkürzen. Nach einem Korrekturschnitt im folgenden Sommer werden sich die Sträucher wieder schnell regenerieren.

Besondere Hinweise: Auf ähnliche Weise wird der Gelbholzige Hartriegel (*Cornus sericea* subsp. *sericea* 'Flaviramea') geschnitten. Der Blutrote Hartriegel (*Cornus sanguinea*) wächst mehr aufrecht, auch hier ist ein gelegentlicher Auslichtungsschnitt angeraten.

Schnittzeitpunkt: Auslichtungsschnitt im zeitigen Frühjahr oder Frühsommer, Verjüngungsschnitt im Spätwinter.

Hasel, Gemeine

Corylus avellana

Beschreibung: Haselsträucher sind breit aufrecht wachsende, 5–6 m hohe, vielstämmige Großsträucher, die im Alter weit auseinander strebende, schirmartige Äste entwickeln.
Ihre männlichen Blütenkätzchen öffnen sich im Spätwinter oder sehr zeitigen Frühjahr ab Januar/Februar. Neben der Wildform gibt es auch Sorten mit gedrehten Zweigen sowie gelbbunten und roten Blättern. Haselsträucher regenerieren sich sowohl im Kronenbereich als auch von der Basis ausgehend sehr gut.
Erziehungsschnitt: Junge Sträucher entwickeln sich ohne besondere Schnittmaßnahmen optimal. Entfernen Sie nur schwache oder beschädigte Triebe. Achten Sie bei der Korkenzieher-Hasel auf bodennahe Triebe der Unterlage, denn diese müssen sogleich an der Entstehungsstelle entfernt werden.
Erhaltungsschnitt: Die mehrstämmigen Haselsträucher sollen sich natürlich entwickeln, dabei aber nicht zu groß werden. Darüber hinaus sollte das Gleichgewicht zwischen jungem und reifem Wuchs langfristig erhalten bleiben. Entfernen Sie deshalb jedes Jahr im Spätwinter einige der ältesten Triebe. Mitunter ist es ratsam, einzelne Grundtriebe sogar bis zur Basis einzukürzen.
Wenn Sie bei rotlaubigen Sorten der Lamberts Hasel (*Corylus maxima* 'Purpurea') und der Gemeinen Hasel Wert auf besonders intensive Blattfärbung und große, wirkungsvolle Blätter legen, dann schneiden Sie die Sträucher regelmäßig vor dem Austrieb im Spätwinter stark auf das Gerüst zurück.
Bei der Korkenzieher-Hasel (*Corylus avellana* 'Contorta', siehe Bild oben) treibt in den meisten Fällen in regelmäßigen Abständen die Unterlage (*C. avellana*) durch. Diese Unterlagentriebe müssen Sie unbedingt an ihrer Entstehungsstelle entfernen. Dazu müssen Sie die Unterlage bis

Haselsträucher verjüngen sich an der Triebbasis, während sich die alten Triebe an der Triebspitze akroton verzweigen. Schneiden Sie jedes Jahr einige der alten Triebe heraus, mitunter sogar an der Basis, damit sich langfristig ein Gleichgewicht zwischen jungen und alten Trieben einstellt.

Links: Haselsträucher lassen sich gut verjüngen. Schneiden Sie alle Triebe bis knapp über der Basis zurück. Rechts: Lichten Sie den neuen Austrieb aus, indem Sie einen Teil der Triebe bodennah entfernen und die übrigen unbeschnitten lassen. Diese werden den Strauch neu aufbauen.

zum Wurzelbereich freilegen und diese dort (am besten durch Herausdrehen) sorgfältig entfernen. Schneiden Sie diese Triebe keinesfalls bodennah ab, denn dadurch wird die Unterlage zu noch stärkerem Wuchs angeregt und verdrängt langfristig die Sorte mit den gedrehten Zweigen. Die Entnahme von kurzen Zweigstücken für Dekorationszwecke ist möglich, vorausgesetzt der Habitus wird dadurch nicht gestört. Ist absehbar, dass die Korkenzieher-Hasel den ihr zugedachten Raum überschreiten wird, dann können Sie durch rechtzeitiges vorsichtiges Auslichten einer weiteren Größenzunahme Einhalt gebieten.

Verjüngungsschnitt: Müssen die Sträucher unbedingt einmal verjüngt werden, können Sie im Spätwinter alle Triebe bis zur Basis zurückschneiden. Innerhalb von etwa drei Jahren baut sich die Pflanze neu auf, wobei Sie aber bei derart verjüngten Pflanzen kräftig auslichten müssen. Die schwachen und dünnen Triebe entfernen Sie dabei bodennah. In England werden Haselsträucher traditionell in siebenjährigem Zyklus auf diese Weise zurückgeschnitten. Alte Sträucher können auch „auf den Stock gesetzt“ werden. Dazu schneiden Sie alle dicken Triebe etwa 50–60 cm über dem Boden ab. Die Pflanzen regenerieren sich dann recht gut, indem sie aus dem Gerüst den Strauch wieder neu aufbauen.

Besondere Hinweise: Eine Verjüngung von stark vergreisten Korkenzieher-Haseln ist nicht zielführend, da diese Pflanzen im Alter schon sehr geschwächt sind und aus dem alten Holz kaum mehr austreiben. Gelegentlich wird die Korkenzieher-Hasel auch als Hochstammveredlung angeboten, wobei als Unterlage die Baum-Hasel (*Corylus colurna*) verwendet wird. Hier ist ein Durchtrieb der Unterlage kaum zu beobachten. Abgesehen davon sind keine Schnittmaßnahmen notwendig.

Schnittzeitpunkt: Spätwinter, Unterlagentriebe jederzeit.

VII–VIII

Hortensie, Garten-

Hydrangea macrophylla

Beschreibung: Hortensien sind beliebte Gartengehölze, weil sie aufgrund ihrer geringen Größe in jedem auch noch so kleinen Garten einen geeigneten Platz finden und sich darüber hinaus den ganzen Sommer über mit attraktiven Blüten schmücken. Es sind sommergrüne, bis zu 1,3 m hohe breitbuschige Sträucher mit großen Blättern. Ihre Blüten können entweder in flachen Blütenständen wie bei den Lacecap-Hortensien (zum Beispiel 'Blue Wave' und 'Lanarth White') oder in ballförmigen Blütenständen ('Bouquet Rose' und 'Masja') vereint sein. Sie blühen in Abhängigkeit von der Sorte von Juni/Juli bis August/September in den Farben Rosa, Rot, Violett, Blau oder Weiß. Die Blütenstände entwickeln sich aus Knospen der vorjährigen Triebe.
Erziehungsschnitt: Junge Pflanzen sollen geschnitten werden, damit sie sich buschig und vieltriebig entwickeln. Entfernen Sie nach dem Pflanzen alle schwachen und beschädigten Triebe, die restlichen kürzen Sie um ein Drittel ein, damit sie sich von der Basis aus gut verzweigen.
Erhaltungsschnitt: Hortensien müssen regelmäßig geschnitten werden, damit sie auch weiterhin reichlich blühen. Entfernen Sie die alten blühfaulen Triebe, weil sie ansonsten mit den jungen blütentragenden in Konkurrenz treten. In den kühleren Regionen Mitteleuropas ist es günstiger, die Blütenstände bzw. die trockenen Fruchtstände den Winter über an den Sträuchern zu belassen und sie erst im Frühjahr abzuschneiden. Denn sie schützen die darunter befindlichen Knospen, in denen sich bereits die Blütenanlagen für die kommenden Saison befinden. Abgesehen davon sind sie mit ihren Schneehäubchen eine große Zierde im winterlich verschneiten Garten! Schneiden Sie die Fruchtstände also erst im zeitigen Frühjahr mit etwa einem Drittel der Triebe knapp

Links: Erhaltungsschnitt bei der Garten-Hortensie: Entfernen Sie die abgetrockenten Fruchtstände erst im Spätwinter. Sie dienen als Winterschutz für die darunter liegenden Blütenknospen. Schneiden Sie auch einige der alten, wenig Blühholz tragenden Triebe bodennah heraus.

Rechts: Austrieb und Blütenbildung nach dem Erhaltungsschnitt.

oberhalb gut ausgebildeter Knospen zurück. Entfernen Sie dünne sowie sich kreuzende Triebe ganz.

Verjüngungsschnitt: Sind die Sträucher bereits sehr alt, ist ein Verjüngungsschnitt nicht mehr erfolgversprechend. Sind zumindest noch einige junge, kräftige Triebe vorhanden, dann entfernen Sie alle alten Triebe und kürzen die jungen um zwei Drittel ihrer Länge vor dem Austrieb im Frühjahr ein. Vernachlässigte oder frostgeschädigte Pflanzen können Sie im Frühjahr bis zur Basis zurückschneiden. In beiden Fällen blühen die Sträucher erst wieder im darauf folgenden Jahr.

Besondere Hinweise: In kalten oder höher liegenden Regionen Mitteleuropas frieren die Triebe mit den Blütenknospenanlagen im Winter oft zurück und die Sträucher blühen dann erst sehr spät oder gar nicht! Mittlerweile gibt es auch Sorten, die am diesjährigen Trieb blühen und somit auch einen kräftigen Rückschnitt im zeitigen Frühjahr ertragen.

Schnittzeitpunkt: Zeitiges Frühjahr vor dem Austrieb.

Weitere Arten: Die Gesägte Hortensie (*Hydrangea serrata*) ist frosthärter als ihre nahe Verwandte, die Garten-Hortensie, und auch etwas unempfindlicher gegenüber Spätfrösten. Sie unterscheidet sich durch ihre 7–10 cm breiten, zierlichen, flachen Blütenrispen mit fruchtbaren Innenblüten und sterilen Randblüten. 'Blue Wave' ist eine Sorte mit schwachlila, violettweißen oder blauen Randblüten, die Ausfärbung ist abhängig vom Boden-pH. Diese attraktive Sorte blüht bis Ende Oktober, sie benötigt feuchten, gut durchlässigen, nahrhaften Boden mit leicht saurer bis neutraler Bodenreaktion.

VII–IX

Hortensie, Rispen-

Hydrangea paniculata

Beschreibung: Rispen-Hortensien sind sommergrün und entwickeln sich zu 1–2 m, mitunter sogar bis zu 3 m hohen Sträuchern. Ihre Triebe sind meist gabelig verzweigt. Sehr auffallend sind die bis zu 15 cm langen, gegenständigen oder zum Teil auch zu dreien quirlig angeordneten Blätter. Die rahmweißen Blüten sitzen in bis zu 30 cm langen, breit kegelförmigen Blütenständen, die endständig an den diesjährigen Trieben sitzen, und entfalten sich von Juli bis September. Je nach Sorte kann der Anteil fertiler Blüten mehr oder weniger hoch sein. Im Verblühen verfärben sich insbesondere die sterilen Blüten intensiv rosa. Rispen-Hortensien benötigen für ein gutes Gedeihen einen ausreichend nährstoffreichen, durchlässigen, feuchten Boden mit pH-Werten im neutralen bis leicht sauren Bereich. Der Standort sollte etwas windgeschützt sein, da bei starkwüchsigen Pflanzen besonders während der Blütezeit Windbruchgefahr besteht.

Erziehungsschnitt: Entfernen Sie nach dem Pflanzen alle schwachen und beschädigten Triebe. Belassen Sie drei bis fünf kräftige Triebe und kürzen diese auf 25–50 cm ein. Um ein entsprechend tragfähiges Gerüst für die großen, schweren Blütenstände heranzuziehen, schneiden Sie im folgenden Frühjahr wiederum die vorjährigen Triebe auf etwa zwei bis drei Knospenpaare zurück oder kürzen diese Triebe einfach auf 10 cm ein.

Erhaltungsschnitt: Rispen-Hortensien blühen auch ohne Schnittmaßnahmen regelmäßig. Sie können den Blütenreichtum aber wesentlich erhöhen und die Pflanzen um viele Jahre länger im reichblühenden und gesunden Zustand erhalten, wenn Sie alljährlich einen Erhaltungsschnitt durchführen. Schneiden Sie im zeitigen Frühjahr alle vorjährigen Triebe auf ein verholztes Gerüst zurück, lassen Sie aber von den

vorjährigen Trieben zwei bis drei Augenpaare stehen. Entfernen Sie gleichzeitig totes Holz.
Verjüngungsschnitt: Bei vernachlässigten Pflanzen schneiden Sie kräftiger in das alte, verholzte Gerüst zurück, damit die Pflanzen angeregt werden, sich aus tiefer liegenden Knospen zu regenerieren.
Besondere Hinweise: Die trockenen Fruchtstände lassen sich auch gut für Dekorationen verwenden, da sie lange haltbar sind sowie Form und Farbe über einen langen Zeitraum beibehalten. Besonders die Sorte 'Kyushu' ist aufgrund ihres großen Anteils an fertilen Blüten ein wahrer „Insektenmagnet"!
Weitere Arten: Die Wald-Hortensie (*Hydrangea arborescens*) ist eine weitere Hortensienart mit rahmweiß gefärbten, flachkugeligen Blütenständen, die sich von Juni bis August entfalten. Belassen Sie nach dem Pflanzen drei bis fünf kräftige Triebe und kürzen diese auf 25–50 cm ein. Im folgenden Frühjahr schneiden Sie wiederum die vorjährigen Triebe auf etwa zwei bis drei

Links: Bei etablierten Rispen-Hortensie bleibt das Gerüst erhalten, die Blütenrispen werden endständig an den diesjährigen Trieben gebildet.

Rechts: Derselbe Strauch nach dem Einkürzen der vorjährigen Triebe auf kurze Zapfen im späten Frühjahr.

Knospenpaare oder kürzen diese Triebe einfach auf 10 cm ein. Wald-Hortensien blühen auch ohne Schnittmaßnahmen regelmäßig. Kürzen Sie dazu im zeitigen Frühjahr alle abgeblühten vorjährigen Triebe um etwa die Hälfte ein und entfernen Sie überalterte und tote Triebe an der Basis. Auch wenn Sie alle Triebe etwa 10–15 cm über dem Boden abschneiden, regeneriert sich diese Hortensie in der Regel wieder gut.
Schnittzeitpunkt: Zeitiges Frühjahr vor dem Austrieb.

IV–V

Johannisbeere, Blut-

Ribes sanguineum

Beschreibung: Die Blut-Johannisbeere ist ein breitaufrechter, mäßig stark verzweigter, bis zu 2 m hoher Strauch mit drei- bis fünflappigen Blättern. Der beliebte Zierstrauch schmückt sich mit rosafarbenen bis roten, selten auch weißen Blütentrauben vor der Laubentwicklung Mitte April bis Mai, die sich entlang der vorjährigen Triebe entfalten. Die Blut-Johannisbeere wird gelegentlich auch als Heckenpflanze verwendet.
Erziehungsschnitt: Entfernen Sie beim Pflanzen alle schwachen und beschädigten Triebe und kürzen Sie die restlichen um ein Drittel ein.
Erhaltungsschnitt: In den ersten zwei bis drei Jahren ist ein Schnitt noch nicht unbedingt erforderlich. Schneiden Sie ab dem dritten Jahr jeweils nach der Blüte Ende des Frühjahrs etwa ein Drittel der ältesten Triebe bis zum Boden heraus und lassen die restlichen ungeschnitten. Dadurch wird der freiwachsende Strauch sukzessive größer und behält dabei jedoch seine Blühwilligkeit. Sie können auch nach der Blüte alle vorjährigen, abgeblühten Triebe auf darunter befindliche, gut entwickelte Seitentriebe oder Knospen einkürzen. Dann gibt es im folgenden Jahr ausschließlich lange, bis zur Triebbasis mit Blüten besetzte Zweige. Auch in diesem Fall müssen Sie von Zeit zu Zeit einzelne alte Triebe an der Basis herausschneiden.
Verjüngungsschnitt: Vernachlässigte Sträucher lassen sich durch einen scharfen Rückschnitt aller Triebe bis knapp über dem Boden gut verjüngen. Überalterte Pflanzen regenerieren sich dagegen nur schlecht.
Besondere Hinweise: Die Pflanzen benötigen einen mäßig feuchten, nährstoffreichen Boden. Mit ‘King Edward VII’ und ‘Koja’ werden zwei kompakt wachsende, reichblühende Sorten der Blut-Johannisbeere angeboten. Ihre Blätter duften ähnlich aromatisch wie die der Schwarze Johannisbeere.

Links: *Schneiden Sie bei der Blut-Johannisbeere nach der Blüte alle vorjährigen abgeblühten Triebe auf kräftig entwickelte Seitentriebe darunter zurück. Entfernen Sie jeweils die ältesten Triebe an der Strauchbasis. Das Detail (rechts) zeigt, wo die älteren Triebe eingekürzt werden sollten.*

Schnittzeitpunkt: Nach der Blüte im späten Frühjahr.

Weitere Arten: Die Gold-Johannisbeere (*Ribes aureum*) ist ein anspruchsloser, bis zu 2 m hoher, aufrecht wachsender Blüten-, Füll- und Deckstrauch. Seine gelben Blütenrispen entfalten sich ebenfalls am vorjährigen Trieb im April/Mai. Aufgrund seiner Anspruchslosigkeit wird die Gold-Johannisbeere oft auch als Gruppen- und Heckenpflanze verwendet. Schnittmaßnahmen wie bei der Blut-Johannisbeere (*Ribes sanguineum*).

Die meist nur 1–1,5 m hohe, anfangs straff aufrecht wachsende Alpen-Johannisbeere (*Ribes alpinum*) kann man an den kleinen Blättern und den aufrechten, grünlichen Blütenrispen im April/Mai leicht erkennen. Sie wird meist als Füll- und Deckstrauch, aber auch für niedrige Hecken verwendet. Sie zeichnet sich durch gute Schnittverträglichkeit aus, ist aber eher kurzlebig. Schneiden Sie bei der Alpen-Johannisbeere alle Triebe nach dem Pflanzen um zwei Drittel zurück. Ohne Schnittmaßnahmen entwickeln sich die Pflanzen über mehrere Jahre hindurch recht gut. Dann beginnen sie aber, sehr dicht zu werden und bald an der Basis zu verkahlen. Damit die Sträucher länger jung und dichttriebig bleiben, benötigen sie einen regelmäßigen Erhaltungsschnitt. Kürzen Sie die Pflanze sowohl bei der Verwendung als Flächen- oder Gruppenpflanze als auch bei der Verwendung als Hecke am besten mit einer Heckenschere vor dem Austrieb im Frühjahr etwa um ein Drittel oder die Hälfte ein.

Auch vernachlässigte Pflanzen lassen sich durch einen kräftigen Rückschnitt bis knapp über dem Boden noch verjüngen.

Schnittzeitpunkt: Vor dem Austrieb im zeitigen Frühjahr.

VI–IX

Johanniskraut, Großblumiges

Hypericum 'Hidcote'

Beschreibung: Das Großblumige Johanniskraut ist ein 0,8–1,5 m hoher und ebenso breiter, oft wintergrüner Strauch. Mit aufrechten Grundtrieben und bogig übergeneigten Triebenden entwickelt es sich zu einem malerischen halbkugeligen Strauch. Seine leuchtend gelben, bis zu 7 cm großen Schalenblüten sitzen zu mehreren am Ende der diesjährigen Triebe und entfalten sich nach und nach von Mitte Juli bis Ende September. Der überaus attraktive und reichblühende Kleinstrauch mit guter Fernwirkung lässt sich nicht nur als Einzelpflanze, sondern auch als Gruppen- und Heckenstrauch gut verwenden.

Erziehungsschnitt: Entfernen Sie alle schwachen und beschädigten Triebe. Kürzen Sie die verbleibenden Triebe auf etwa 10–15 cm über dem Boden ein.

Erhaltungsschnitt: Schneiden Sie vor dem Austrieb im zeitigen Frühjahr alle Triebe auf etwa 10–15 cm über dem Boden zurück, denn meist sind die nicht ganz verholzten Triebe über den Winter ohnehin zurückgetrocknet. Entfernen Sie alle dünnen und zu dicht stehenden Triebe ganz. Später, wenn der Strauch bereits größer und ausgewachsen ist, können Sie die Triebe auch länger lassen und jeweils knapp über dem Niveau des letzten Schnittes einkürzen.

Verjüngungsschnitt: Auch alte und vernachlässigte Pflanzen reagieren auf scharfen Rückschnitt vor dem Austrieb im zeitigen Frühjahr recht gut. Schneiden Sie einfach alle Triebe knapp über dem Boden ab. Der Strauch wird sich aus den bodennahen Knospen gut regenerieren.

Besondere Hinweise: Das Großblumige Johanniskraut ist sehr anspruchslos, wichtig ist aber ein guter Wasserabzug.

Weitere Arten: Forrests Johanniskraut (*Hypericum forrestii*), Mosers Johanniskraut (*Hypericum × moserianum*), Kouytchense-Johanniskraut

Schneiden Sie beim Johanniskraut vor dem Austrieb im Frühjahr alle Triebe um etwa zwei Drittel knapp über einem Augenpaar (siehe Detail) zurück.

(*Hypericum kouytchense*), Hookers Johanniskraut (*Hypericum hookerianum*) sind dem Großblumigen Johanniskraut sehr ähnlich und unterscheiden sich im Wesentlichen durch die Blütengröße und Anzahl der Blüten pro Blütenstand.
Mannsblut (*Hypericum androsaemum*) und Duftloses Johanniskraut in Sorten (*Hypericum × inodorum*) sind dem Großblumigen Johanniskraut im Wuchs ähnlich. Sie unterscheiden sich aber durch die Blütengröße, welche nur 1,5–3 cm beträgt sowie durch die Anzahl der Blüten pro Blütenstand, die bei diesen Arten etwa drei bis 15 und mehr betragen. Schnittmaßnahmen wie beim Großblumigen Johanniskraut. Kürzen Sie beim Dichtblütigen Johanniskraut (*Hypericum densiflorum*) alle vorjährigen Triebe um ein Drittel ein. Das Niedrige oder Immergrüne Johanniskraut (*Hypericum calycinum*) ist ein wintergrüner, durch Ausläufer teppichbildender Halbstrauch bzw. Bodendecker, der etwa 30 cm hoch wächst und in kalten Wintern zurückfriert. Von Juli bis September produziert dieses Johanniskraut am diesjährigen Trieb ununterbrochen etwa 5–7 cm große, goldgelbe Schalenblüten mit weit herausragenden Staubblättern.

Erhaltungsschnitt: Schneiden Sie alljährlich im Februar alle Triebe knapp über dem Boden ab. Die Pflanzen erneuern sich von der Basis bzw. durch Wurzelausläufer recht gut. Der Rückschnitt bringt auch den Vorteil mit sich, dass gleichzeitig alle durch Winterfrost geschädigten Blätter und Triebe entfernt werden. Das Zurückschneiden dieses bodendeckenden Strauchs kann mit der Heckenschere oder, bei größeren Flächen, auch mit einem Rasentrimmer oder Luftkissenmäher durchgeführt werden.

Schnittzeitpunkt: Zeitiges Frühjahr vor dem Austrieb.

Kirsche, Lorbeer-

Prunus laurocerasus

Beschreibung: Die Lorbeerkirsche wird in zahlreichen Sorten angeboten, deren Wuchsform und Wuchsgröße sehr stark variieren. Zumeist wachsen die verwendeten Sorten zu Normalsträuchern von 1,5–3 m Höhe und 1–2,5 m Breite heran. Lorbeerkirschen entfalten ihre weißen Blüten in aufrecht stehenden, dichten, 5–12 cm langen Trauben im Mai. Daraus entwickeln sich im Spätsommer eiförmige, etwa 6–8 mm große, schwarze Früchte. Diese Pflanzen sind an sich anpassungsfähig, benötigen aber einen vor Wintersonne leicht geschützten Standort.
Erziehungsschnitt: Damit sich die jungen Pflanzen zu dichten, buschigen Pflanzen entwickeln, schneiden Sie die Triebe der frisch gepflanzten Sträucher um etwa ein Drittel knapp oberhalb einer Knospe zurück, damit sie sich von vornherein bereits gut von der Basis weg verzweigen.
Erhaltungsschnitt: Entfernen Sie im Frühjahr vor dem Austrieb alle beschädigten Triebe. Sie können den Strauch dann ohne weitere Schnittmaßnahmen für einige Jahre wachsen lassen, kürzen Sie nur überlange Triebe um die Hälfte ein. Damit die Pflanzen nicht zu groß werden, sollten Sie aber bereits nach einigen Jahren mit dem Erhaltungsschnitt beginnen. Schneiden Sie nach der Blüte alle abgeblühten Triebe auf eine kräftig entwickelte Knospe zurück. Die Pflanzen treiben dann nochmals kräftig durch und die neu gebildeten Triebe blühen im nächsten Jahr wieder. Die Alternative dazu wäre, diesen Schnitt im späten Frühjahr durchzuführen, wenn keine strengen Spätfröste mehr zu erwarten sind, was aber natürlich auf Kosten des Blütenreichtums geht. Sie können die immergrüne Lorbeerkirsche auch erst im Spätsommer, etwa ab Ende August/Anfang September, schneiden. Sie treibt dann nicht mehr aus, die Schnittwunden verheilen aber noch recht gut vor dem Winter.
Verjüngungsschnitt: Ebenso verkahlen diese

im Inneren, wenn Sie sie nicht regelmäßig auslichten, weil durch den dort herrschenden Lichtmangel die Blätter abgeworfen werden. Lorbeerkirschen haben die Fähigkeit, sich nach einem kräftigen Verjüngungsschnitt gut zu regenerieren. Schneiden Sie im späten Frühjahr die kräftigen Triebe auf ein Gerüst von 30–50 cm über dem Boden zurück, entfernen Sie alle schwachen und unerwünschten Triebe ganz. Um den Strauch neu aufzubauen, ist in den folgenden zwei bis drei Jahren ein Korrekturschnitt notwendig. Dabei werden nach dem Austrieb im Sommer jeweils nur die zwei bis drei kräftigsten Jungtriebe pro eingekürzten Trieb beibehalten, die restlichen werden ganz entfernt.

Besondere Hinweise: Schneiden Sie die Lorbeerkirsche prinzipiell immer mit der Gartenschere, niemals mit einer Heckenschere. Nach sehr kalten Wintern mit strengen Frösten erleiden die Blätter der Lorbeerkirsche oft Frostschäden (Frosttrocknis!). Die Blätter regenerieren sich nicht mehr, durch den frischen Austrieb werden diese Stellen aber alsbald wieder mit neuen Blättern bedeckt sein. Sehr schwachwüchsige Sorten wie 'Mount Vernon' benötigen in der Regel keine Schnittmaßnahmen.

Schnittzeitpunkt: Auslichtungsschnitt im späten Frühjahr oder gleich nach der Blüte; ein Schnitt im Spätsommer (September) ist ebenfalls möglich.

Links: Schneiden Sie bei überalterten oder zu groß gewordenen Lorbeerkirschen die Haupttriebe auf 50–60 cm zurück.

Rechts: Die stark verjüngte Lorbeerkirsche hat bis zum nächsten Jahr pro Ast zahlreiche junge Triebe gebildet. Lassen Sie an jedem zurückgeschnittenen Ast nur die zwei bis drei kräftigsten Triebe stehen. Die restlichen entfernen Sie Mitte des folgenden Frühjahrs.

VI

Kolkwitzie

Kolkwitzia amabilis

Beschreibung: Die Kolkwitzie ist ein mittelgroßer, 2–3 m hoher und ebenso breiter, sommergrüner Strauch mit elegant überhängenden Blütenzweigen. Ihre glockenförmigen Blüten sind rosa mit gelbem bis orangefarbenem Schlund. Sie sitzen in endständigen Doldentrauben am vorjährigen Holz und entfalten sich von Ende Mai bis Juni. Man kann die Kolkwitzie leicht anhand der borstig behaarten Blütenstiele und Kelche von der Weigelie unterscheiden. Außerdem wächst die Weigelie breit trichterförmig und hat weiße, rosa oder rote Blüten.

Gut entwickelte, ältere Kolkwitzien bilden meist Ausläufer und kräftige Triebe aus der Basis, wodurch die Sträucher sehr dicht werden können. Die Basistriebe wachsen anfangs straff aufrecht. Sie verzweigen sich dann im oberen Bereich und bilden lange, elegant überhängende Seitentriebe. An diesen bilden sich nach dem Austrieb im folgenden Jahr wiederum kurze Seitentriebe mit endständigen Doldentrauben. Der Strauch gedeiht auch ohne Schnittmaßnahmen viele Jahre hindurch und blüht trotzdem prächtig. Allerdings sind dann die später notwendigen Schnittmaßnahmen sehr schwierig durchzuführen und ein Auslichten ist kaum mehr möglich. Kolkwitzien sind nicht nur sehr schöne Solitärgehölze im Garten, sie bieten sich auch für die Verwendung in Blütenhecken an. Sie blühen etwa gleichzeitig mit dem Falschen Jasmin und dem Maiblumenstrauch.

Erziehungsschnitt: Entfernen Sie nach der Pflanzung nur schwache und beschädigte Triebe. Darüber hinaus sollten junge Pflanzen nicht geschnitten werden, da sie nur so ihren natürlichen Wuchs mit den überhängenden Trieben entwickeln.

Erhaltungsschnitt: Erst bei älteren Pflanzen sollten Sie nach und nach vorsichtig auslichten. Dies erfolgt in der Regel nach der Blüte im

Kürzen Sie bei der Kolkwitzie nach der Blüte die abgeblühten Triebe bis zu einem jungen Neutrieb ein. Ältere Pflanzen sollten nach und nach an der Basis ausgelichtet werden.

Frühsommer. Schneiden Sie dabei jedes Jahr zwei bis drei der ältesten Triebe an der Basis heraus oder nehmen Sie diese auf einen tiefer liegenden Seitentrieb zurück. Kürzen Sie die abgeblühten Triebe bis auf einen der Neutriebe, die sich inzwischen schon an der Oberseite der Triebe gebildet haben, zurück. Diese werden sich umso besser entwickeln und im folgenden Jahr wieder mit rosa Blütenbüschel übersät sein.
Ist abzusehen, dass das Raumangebot für die volle Entfaltung der Kolkwitzie auf lange Sicht nicht ausreicht, dann sollten Sie schon frühzeitig mit dem Auslichtungsschnitt beginnen. Schneiden Sie ruhig einen oder zwei Triebe mehr an der Basis heraus als beim üblichen Erhaltungsschnitt. Achten Sie vorausschauend darauf, dass der Strauch nicht zu groß wird. Er wird dennoch überaus reich blühen.
Verjüngungsschnitt: Ein Verjüngungsschnitt im Spätwinter ist ebenfalls möglich. Lassen Sie dabei nur fünf bis sieben junge, kräftige, aufrechte Triebe stehen. Kürzen Sie diese um ein Drittel ein und entfernen Sie alle übrigen. Der Strauch benötigt aber weitere zwei bis drei Jahre, bis der natürliche Habitus wieder hergestellt ist.
Besondere Hinweise: Die Blüten der Kolkwitzie verströmen einen zarten, süßlichen Duft und werden sehr stark von Bienen und Hummeln besucht. Ein regelmäßig durchgeführter Auslichtungsschnitt sowie der Sommerschnitt nach der Blüte fördern den Blütenansatz und halten die Pflanze gleichzeitig jung.
Damit Kolkwitzien ihre volle Schönheit entfalten können, brauchen sie viel Platz. Sie blühen auch noch zufriedenstellend im Halbschatten unter Bäumen. Auf zu nahrhaften Böden wachsen sie zwar sehr gut, unter diesen Bedingungen nimmt die Blühfreudigkeit aber stark ab. Stark kalkhaltiger Boden wird in Kombination mit Trockenheit schlecht ertragen!
Schnittzeitpunkt: Auslichtungsschnitt nach der Blüte im Frühsommer.

Mandelbäumchen

Prunus triloba

Beschreibung: Das Mandelbäumchen ist ein breitbuschiger, aufrecht wachsender Kleinstrauch mit 1,5–2 m Wuchshöhe, dreilappigen Blättern und stark gefüllten, rosafarbenen Blüten. Diese sitzen entlang des vorjährigen Triebs und entfalten sich vor dem Laubaustrieb von April bis Anfang Mai. Das Mandelbäumchen wird sowohl wurzelecht als auch veredelt als Hochstämmchen angeboten. Ein regelmäßiger Rückschnitt ist unerlässlich. In der strauchigen Form wird das Mandelbäumchen (Mandelröschen) oft auch als veredelte Pflanze angeboten, während das echte „Mandelbäumchen" mit kurzem Stämmchen und Krone immer veredelt ist. Als Unterlage verwendet man die Kirschpflaume (*Prunus cerasifera*). Dies ist ein starkwüchsiger Großstrauch bis kleiner Baum, während das Mandelbäumchen ein schwachwüchsiger Strauch ist. Wegen dieser unterschiedlichen Wuchsstärke wird die Unterlage fast immer durchtreiben. Entfernt man diese Unterlagentriebe nicht rechtzeitig, dann wächst die Unterlage innerhalb von zwei bis drei Jahren so stark, dass das veredelte Mandelbäumchen verkümmert. Wurzelecht vermehrte Pflanzen (Stecklinge) des Mandelbäumchens wachsen anfangs deutlich langsamer, dafür gibt es keine Unterlagentriebe (Wildtriebe) und die Sträucher sind langlebiger.

Erziehungsschnitt: Kürzen Sie beim Pflanzen im Frühjahr alle kräftigen Triebe mindestens um die Hälfte ein. Das Mandelbäumchen blüht dann allerdings im ersten Jahr noch nicht, bringt aber einen deutlich stärkeren Zuwachs für das folgende Jahr. Sie können die ohnehin zumeist im Container kultivierten Pflanzen auch ohne Pflanzschnitt setzen und nach der Blüte Ende April den ersten kräftigen Rückschnitt durchführen. In den folgenden Jahren kürzen Sie alle vorjährigen Triebe gleich nach der Blüte bis auf

etwa 10 cm über dem Gerüst ein, bis dieses entsprechend aufgebaut ist.

Erhaltungsschnitt: Unabhängig davon, ob die Sträucher veredelt oder wurzelecht sind, kürzen Sie alle abgeblühten Triebe Ende April bis etwa 10 cm über das Gerüst ein. Entfernen Sie alle Triebe, die durch Zweig-Monilia beschädigt sind.

Verjüngungsschnitt: Aufgrund der Kurzlebigkeit des Mandelbäumchens ist bei stark überalterten Pflanzen, insbesondere bei veredelten Exemplaren, ein Verjüngungsschnitt nicht mehr zielführend.

Besondere Hinweise: Entfernen Sie bei veredelten Hochstämmchen rechtzeitig die häufig auftretenden Unterlagentriebe!

Schnittzeitpunkt: Nach der Blüte Ende April bis Anfang Mai.

Links: Kürzen Sie beim Mandelröschen gleich nach der Blüte alle abgeblühten Vorjahrestriebe bis auf 10 cm über das Gerüst ein (siehe Detail). Entfernen Sie etwaige Ausläufer an der Basis, weil diese vermutlich (bei Veredlungen sicher) von der Unterlage stammen.

Rechts: Es ist wichtig die Triebe möglichst stark einzukürzen, denn ansonsten verkahlen die Pflanzen zusehends.

VI

Perückenstrauch, Europäischer

Cotinus coggygria

Beschreibung: Der Perückenstrauch ist ein sommergrüner Strauch mit etwas sparrigem, breit ausladendem, aufrechtem Wuchs. Gelegentlich kann er auch zu einem kleinen Baum bis zu 5 m Höhe heranwachsen. Die etwas unscheinbaren Blüten entwickeln sich in 15–20 cm großen, endständigen Rispen im Juni/Juli. Vor allem wegen des bunten Laubs, der auffallenden perückenartigen Fruchtstände und der attraktiven Herbstfärbung wird der Perückenstrauch gerne gepflanzt. Mit den buntlaubigen Sorten lassen sich Farbakzente im Garten setzen. Die rotlaubigen Sorten bevorzugen eher vollsonnige Standorte, während die gelbbunten einen lichten Schatten bevorzugen. In heißen, trockenen Klimagebieten kann es bei den gelblaubigen Sorten bei vollsonnigem Standort zu Blattverbrennungen kommen. Der Perückenstrauch verträgt auch etwas extremere Standorte sowie Trockenheit und kalkhaltige Bodenverhältnisse, bleibt dann aber etwas kleiner. Mit 'Young Lady' gibt es inzwischen auch Sorten, die sich bereits als junge Pflanze mit dem großen perückenartigen Fruchtstand schmücken. Bei 'Smoky Joe' und 'Zuckerwatte' sind die Fruchtstände sogar rosa gefärbt.

Erziehungsschnitt: Entfernen Sie nach dem Pflanzen nur schwache und beschädigte Triebe. Kürzen Sie nur unregelmäßigen Wuchs ein. Die Pflanze baut sich dann von selbst optimal auf.

Erhaltungsschnitt: Wenn der Strauch wegen der schönen Wuchsform, der Blüte und Fruchtstände oder wegen der attraktiven Herbstfärbung gepflanzt wurde, dann ist kein Erhaltungsschnitt notwendig. Entfernen Sie nur vertrocknete oder beschädigte Triebe. Sollten die Sträucher zu groß werden, dann ist ein kräftiger Auslichtungsschnitt im Spätwinter durchaus möglich. Schneiden Sie dazu im Spätwinter ei-

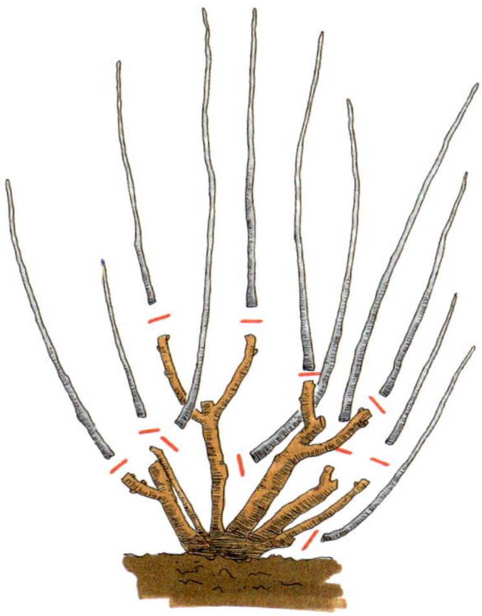

Wenn Sie den Perückenstrauch ohne besondere Schnittmaßnahmen wachsen lassen, wird er meist von selbst eine gute Wuchsform annehmen. Um zu verhindern, dass die Pflanze zu groß wird, sollten Sie diese aber in mehrjährigen Abständen wie hier dargestellt zurückschneiden oder besser noch vorsichtig auslichten.

nige der ältesten Triebe an der Basis heraus und kürzen Sie die übrigen etwa um ein Drittel bei Verzweigungen ein.
Wenn Sie jedoch auf den Blattschmuck besonderen Wert legen, dies wird beispielsweise bei den dunkelpurpur- ('Royal Purple', siehe Bild links) und gelblaubigen ('Golden Spirit') Sorten der Fall sein, dann müssen Sie die Sträucher jedes Jahr kräftig zurückschneiden. Belassen Sie dazu ein Gerüst aus drei bis fünf kräftigen Trieben und kürzen diese auf 60–90 cm ein. Schneiden Sie dann alljährlich im Spätwinter den vorjährigen Zuwachs um etwa drei Viertel zurück. Der Austrieb wird kräftig sein und an den dicken Trieben werden sich verhältnismäßig große, intensiv gefärbte Blätter entwickeln.
Verjüngungsschnitt: Wurde die Pflanze regelmäßig geschnitten, dann lässt sie sich auch gut verjüngen. Entfernen Sie alle dünnen, schwachen und beschädigten Triebe und kürzen Sie die verbliebenen kräftigen Triebe auf 50–60 cm über dem Boden ein.

Überalterte Pflanzen reagieren auf einen starken Rückschnitt nicht mehr mit dem erwünschten kräftigen Neuaustrieb. Ersetzen Sie diese besser durch junge frohwüchsige Sträucher.
Besondere Hinweise: Der aus dem Mittelmeergebiet stammende Perückenstrauch ist wärmeliebend, hitzefest und trockenheitsresistent. Die Triebe werden manchmal von einer Pilzkrankheit befallen.
Schnittzeitpunkt: Spätwinter.

VI

Pfeifenstrauch, Gewöhnlicher, Falscher Jasmin

Philadelphus coronarius

Beschreibung: Der Gewöhnliche Pfeifenstrauch ist ein 2–3(4) m hoher, sommergrüner Strauch mit einfachen, duftenden, weißen Blüten im Juni. Die Blüten sitzen am Ende kurzer, beblätterter Triebe, die sich seitlich an vorjährigen Trieben entwickeln. Es werden aus der Basis stets neue Triebe gebildet (Basitonie), die sich in der Folge mesoton verzweigen. Ab dem 4. Jahr lässt die Blühwilligkeit stark nach, weshalb bei diesen Sträuchern ein regelmäßiger Auslichtungsschnitt nötig ist.
Erziehungsschnitt: Entfernen Sie nach dem Pflanzen alle schwachen und beschädigten Triebe und kürzen Sie die restlichen um die Hälfte ein. Dadurch regen Sie die Bildung neuer Triebe an der Strauchbasis an.

Erhaltungsschnitt: Der junge Wuchs soll gefördert werden. Beachten Sie aber dabei, dass der Strauch seine ausgewogene Wuchsform behält. Schneiden Sie im Juli nach der Blüte etwa ein Viertel der alten Triebe bis zum Boden ab oder kürzen Sie auf einen kürzeren, jungen Neutrieb ein. Werden die Sträucher zu breit, dann entfernen Sie diese Triebe ebenfalls an der Basis und fördern damit die aus der Basis wachsenden Neutriebe. Die abgeblühten Triebe kürzen Sie auf eine darunterliegende, kräftige Verzweigung ein. Das fördert die Bildung kräftiger Blütentriebe für das folgende Jahr. Dünnen Sie den zu dichten Wuchs regelmäßig aus. Bei gelbblättrigen und weißpanaschierten Sorten können Sie die Laubwirkung wesentlich erhöhen, indem Sie die Pflanzen regelmäßig im zeitigen Frühjahr vor dem Austrieb stärker zurückschneiden. Dieser Schnitt geht allerdings auf Kosten der Blüte.
Verjüngungsschnitt: Ein kräftiger Verjüngungsschnitt wird vertragen. Schneiden Sie in diesem Fall vor dem Austrieb im Winter oder zeitigen

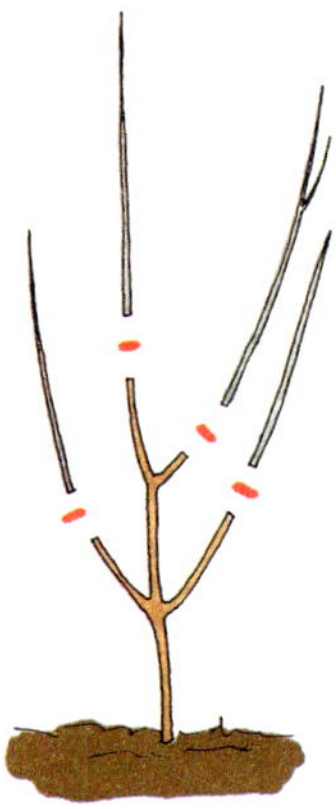

Frühjahr alle alten und die zu dicht stehenden jüngeren Triebe bis zum Boden heraus und kürzen Sie die etwa vier bis sechs verbleibenden, kräftig entwickelten, jüngeren Triebe zumindest um ein Viertel oder die Hälfte ein. Im folgenden Jahr entfernen Sie dann die restlichen alten Triebe an der Basis und bauen mit den jungen Trieben ein neues Astgerüst auf.

Besondere Hinweise: Pfeifensträucher zählen wegen ihrer enormen Blütenfülle, dem herrlichen Duft und der Anspruchslosigkeit zu den beliebtesten Ziersträuchern.

Schnittzeitpunkt: Auslichtungsschnitt nach der Blüte im Frühsommer.

Weitere Arten: Der Virginische Pfeifenstrauch (*Philadelphus × virginalis*) wächst ähnlich wie *Philadelphus coronarius*, bringt aber von Juni bis Juli dichtgefüllte, bis zu 5 cm breite, weiße, duftende Blüten in dichten Trauben hervor. Der Großblütige Pfeifenstrauch (*Philadelphus inodorus* var. *grandiflorus*) blüht im Juni mit bis zu 5 cm breiten, weißen, duftlosen Blüten mit gelben Staubgefäßen.

Links: Kürzen sie beim Pflanzen alle Triebe des Pfeifenstrauchs um zwei Drittel ein, damit sich bereits die junge Pflanze gut verzweigt.

Rechts: Kürzen Sie nach der Blüte Ende Juni alle abgeblühten Triebe auf darunter liegende, kräftige Verzweigungen oder kräftige Jungtriebe ein. Entfernen Sie auch regelmäßig einzelne ältere Triebe an der Strauchbasis.

Pfeifensträucher der Lemoinei-Gruppe ('Erectus', 'Silberregen', 'Avalanche') wachsen deutlich schwächer als *Philadelphus coronarius* und werden je nach Sorte 1,5–2 m hoch. Einige Sorten zeichnen sich durch einen locker überhängenden Wuchs aus. Ihre Blüten sind rahmweiß und stark duftend. Die Sorten der Purpureomaculatus-Gruppe zeichnen sich durch sehr große Blüten mit purpurroter Mitte aus.

IV–V

Quitte, Zier-, Chinesische Scheinquitte

Chaenomeles × superbc und *Chaenomeles speciosa*

Beschreibung: Schein- oder Zierquitten sind sparrig wachsende, dicht verzweigte Sträucher mit Wuchshöhen bis zu 2 m. Einige Sorten können sogar noch größer und im Alter ebenso breit werden. Im zeitigen Frühjahr etwa im März und April, vor oder mit dem Laubaustrieb, schmücken sie sich mit reinweißen, rosa oder orangeroten bis dunkelroten Blüten.
Die schalenförmigen, 3–5 cm breiten Blüten sitzen direkt an den vorjährigen Trieben und am mehrjährigen Holz im Inneren des Strauchs. Im Herbst bringen sie große, flachkugelige bis breitrundliche, quittenähnliche Früchte hervor.
Erziehungsschnitt: Entfernen Sie nach dem Pflanzen alle schwachen und beschädigten Triebe. Schneiden Sie die verbliebenen Triebe auf die Hälfte oder zwei Drittel zurück, damit sich diese verzweigen und der Strauch somit von der Basis an gleich gut verzweigt ist. Im Folgejahr kürzen Sie im Frühjahr wiederum alle Zweige, die keine Blütenknospen tragen, zumindest um die Hälfte ein. Triebe, die aus der Basis entspringen, entfernen Sie ebenfalls, damit die Sträucher nicht zu dicht werden und die Schnittmaßnahmen in den folgenden Jahren einfacher durchzuführen sind.
Erhaltungsschnitt: Die Pflanzen wachsen und blühen auch ohne Schnitt viele Jahre hindurch recht gut. Mit zunehmendem Alter werden sie aber zu dicht und die Blühwilligkeit lässt nach. Wurden die Pflanzen bis dahin nicht geschnitten, dann gestaltet sich ein Auslichtungsschnitt sehr schwierig. Deshalb ist es wichtig, die Sträucher gleich nach der Blüte im April oder Mai vorsichtig auszulichten. Entfernen Sie vor allem sich kreuzende sowie einzelne alte Triebe, die nur noch wenige Blüten an der Strauchbasis hervorbringen. Kürzen Sie die neuen Seitentriebe

auf fünf bis sechs Blätter ein. Dadurch werden anstatt weiterer Blätter vor allem Blütenknospen angelegt und somit ist im darauf folgenden Jahr ein reicher Blütenflor gesichert.

Verjüngungsschnitt: Alte, vergreiste Pflanzen sprechen gut auf einen Verjüngungsschnitt an. Dieser sollte aber über einen Zeitraum von etwa zwei bis drei Jahren erfolgen. Schneiden Sie entweder jeweils ein Drittel der alten Triebe an der Strauchbasis auf 15–20 cm über dem Boden zurück und kürzen Sie die übrigen um ein Drittel oder die Hälfte ein. Zu dicht wachsende Neutriebe entfernen Sie ebenfalls an der Basis. In den folgenden zwei Jahren entfernen Sie das zweite und dritte Drittel der alten Triebe auf dieselbe Weise, bis sich die Pflanze vollständig verjüngt hat. Nach etwa zwei bis drei Jahren ist der Strauch wieder verjüngt. Eine weitere Möglichkeit der Verjüngung besteht darin, im Spätwinter alle Triebe radikal auf etwa 15–20 cm über dem Boden zurückzuschneiden.

Besondere Hinweise: Die Japanische Scheinquitte (*Chaenomeles japonica*) unterscheidet sich von den vorigen durch den schwächeren Wuchs (1–1,5 m) und die ziegelroten bis orangefarbenen Blüten. Sie wird vorwiegend in Kombination mit Stauden verwendet.

Schnittzeitpunkt: Auslichtungsschnitt nach der Blüte im April/Mai, Verjüngungsschnitt im Spätwinter.

Links: Entfernen Sie bei der Zierquitte alle schwachen und beschädigten Triebe im Spätwinter. Obwohl ein Schnitt hier nicht unbedingt erforderlich ist, sollte man die Pflanze gelegentlich nach der Blüte vorsichtig auslichten.

Rechts: Ungeschnitten entwickeln sich die Seitentriebe wie hier dargestellt nur zu beblätterten Zweigen. Wurden diese jedoch im Spätsommer des Vorjahrs eingekürzt, entstehen statt der beblätterten Zweige kurze, dicht mit Blütenknospen besetzte Triebe.

IV–V

Ranunkelstrauch, Kerrie

Kerria japonica

Beschreibung: Der Ranunkelstrauch ist ein häufig verwendeter, sommergrüner, 1,5–2 m hoher Gartenstrauch. Der vieltriebige, ausläuferbildende Strauch ist auch im laublosen Zustand an seinen grünen, rutenförmigen, teils überhängenden und wenig verzweigten Grundtrieben leicht zu erkennen. Im Alter werden durch Ausläuferbildung oft dichte Horste gebildet. Die Art hat bis zu 3 cm große, goldgelbe Schalenblüten. Die neue Sorte 'Guinea Gold' blüht ebenfalls einfach, aber noch reicher und ist wegen ihrer wesentlich größeren Blüten sehr empfehlenswert. Meist wird aber die Sorte 'Pleniflora' gepflanzt, die etwas aufrechter wächst und dicht gefüllte, goldgelbe Blüten trägt. Der Ranunkelstrauch blüht von Ende April bis Mai/Juni am vorjährigen Trieb und bringt im Sommer meist eine schwache Nachblüte.

Erziehungsschnitt: Entfernen Sie nach dem Pflanzen alle schwachen und beschädigten Triebe. Die kräftigen Triebe belassen Sie, denn diese blühen bereits im Jahr der Pflanzung.

Erhaltungsschnitt: Es gibt zwei Möglichkeiten, dieses Gehölz zu schneiden. Entweder Sie kürzen die abgeblühten, vorjährigen Triebe gleich nach der Blüte auf einen kräftigen neuen Seitentrieb ein und schneiden das zweijährige, abgeblühte Holz an der Basis heraus. In diesem Fall kommen im Folgejahr sowohl verzweigte, zweijährige als auch unverzweigte, vorjährige Triebe zur Blüte. Oder Sie schneiden nach dem Abblühen alle abgeblühten Triebe an der Basis heraus und belassen nur die neuen, mittlerweile nachgewachsenen, jungen diesjährigen Triebe. Diese blühen im nächsten Jahr und sollten dann wieder nach der Blüte bodennah entfernt werden. Um die Wüchsigkeit der Pflanzen zu erhalten, schneiden Sie im Frühjahr bis zu einem Drittel der Triebe heraus. Kürzen Sie die jungen Triebe nicht ein, denn sie bringen im Folgejahr die meisten Blüten.

Verjüngungsschnitt: Die Pflanze lässt sich auch gut verjüngen, indem Sie im Frühjahr alle Triebe bodennah entfernen. Zurückgetrocknete oder zurückgefrorene Triebspitzen schneiden Sie ebenfalls im Frühjahr heraus, bzw. kürzen Sie diese bis zum gesunden Holz ein.
Besondere Hinweise: Kombinieren Sie den Ranunkelstrauch im Garten nicht mit anderen schwachwüchsigen Gehölzen oder konkurrenzschwachen Stauden. Durch die mitunter starke Ausläuferbildung werden diese ansonsten bald überwachsen und verdrängt. Bei zu starker oder unerwünschter Ausläuferbildung stechen Sie Ruten mit dem Spaten ab. Diese können bei Bedarf zur Vermehrung genutzt werden. Insgesamt ist er aber sehr anpassungsfähig und auch für schattige Standorte gut geeignet.
Schnittzeitpunkt: Auslichtungsschnitt im zeitigen Frühjahr vor dem Austrieb. Einkürzen abgeblühter, vorjähriger und Herausschneiden abgeblühter, zweijähriger Triebe nach der Blüte im Frühsommer.

Links: Der Ranunkelstrauch wird beim Erhaltungsschnitt ausgelichtet, indem Sie vor dem Austrieb im Frühjahr die alten, abgetragenen dreijährigen Triebe an der Basis entfernen. Die vorjährigen (zweijährigen) Triebe blühen im Frühjahr und bleiben deshalb ungeschnitten.

Rechts: Alternative Schnittmöglichkeit: Schneiden Sie nur die bereits an der Basis braunen Triebe knapp über dem Boden heraus. Ein Teil der dreijährigen Triebe hat unterhalb der Blütenstände einen oder zwei kräftige Seitentriebe gebildet. Schneiden Sie die abgeblühten Triebe bis zu diesen Verzweigungen heraus. Nach einem weiteren Jahr müssen diese Triebe dann unbedingt bodennah entfernt werden.

V

Rhododendron, Catawba-, Großblumige Hybriden

Rhododendron catawbiense und *Rhododendron*-Hybriden

Beschreibung: Immergrüne, 2–4 m hohe Sträucher mit dichter Verzweigung und 6–15 cm großen Blättern. Die Art blüht im Mai/Juni lilapurpurn mit 15 bis 20 Blüten pro Blütenstand. Die Hybriden weisen alle Blütenfarben von Weiß über Rosa bis Lila auf, oft sind ihre Kronblätter mit dunkleren Flecken versehen. Die Blüten des Rhododendrons sind zu doldenartigen Blütenständen zusammengefasst, die Einzelblüte breit glockig bis trichterförmig.

Erziehungsschnitt: Junge Pflanzen aus der Baumschule sind in der Regel optimal aufgebaut, sodass ein Erziehungsschnitt entfallen kann. Entfernen Sie die abgeblühten Blütenstände, dies fördert den Blütenansatz für das nächste Jahr.

Erhaltungsschnitt: Diese Rhododendren benötigen in den folgenden Jahren keinen Schnitt. Brechen Sie die abgeblühten Blütenstände aus. Eventuell vertrocknete Triebspitzen oder solche, an denen sich die Blüten nicht geöffnet haben, schneiden Sie ins gesunde Holz, bzw. bis zu den nächsten gut entwickelten Blättern zurück. Sollten einzelne Triebe braun werden (zum Beispiel durch Pilzbefall), so entfernen Sie diese ganz. Reinigen und desinfizieren Sie das verwendete Werkzeug gut. Wachsen einzelne Triebe zu kräftig und beeinträchtigen diese die Wuchsform, dann kürzen Sie diese etwa auf die Hälfte ein.

Verjüngungsschnitt: Wenn im Alter das Wachstum nachlässt und die Sträucher lückig werden, ist die Zeit gekommen, diese einem Verjüngungsschnitt zu unterziehen. Kürzen Sie im zeitigen Frühjahr die ältesten Triebe (etwa ein Drittel) bis weit in das alte Holz hinein bei einer Verzweigung ein, lassen Sie aber einen Zapfen von wenigen Zentimetern stehen. Diese

Wenn der immergrüne Rhododendron zu groß geworden ist oder im Strauchinneren verkahlt, schneiden Sie die längsten Triebe im Strauchinneren bei einer Verzweigung oder auf etwa fünf cm lange Zapfen zurück. Entfernen Sie etwa ein Drittel der Krone auf diese Weise.

Der verjüngte Rhododendron hat neu durchgetrieben, die Triebe sind wieder gut belaubt, Blätter und Triebe kräftig entwickelt. Der Strauch wird im folgenden Jahr wieder reich blühen.

Triebe werden mit jungem, kräftigem Austrieb reagieren. Wiederholen Sie diese Schnittmaßnahmen auch in den folgenden zwei Jahren, bis der Strauch von der Basis ausgehend neu aufgebaut ist. Diese Maßnahmen sind aber nur in Kombination mit entsprechender Bodenverbesserung und ausreichender Bewässerung möglich. Bei extrem überalterten Pflanzen ist ein Verjüngungsschnitt nicht mehr zielführend.
Besondere Hinweise: Rhododendren sind so genannte „Moorbeetpflanzen“, die saure Bodenverhältnisse benötigen. Der Boden sollte mäßig feucht und gut mit Nährstoffen versorgt, der Standort leicht beschattet sein. Windexponierte Lagen sind zu vermeiden. Die neuen 'Inkarho'-Hybriden sind auf eine etwas besser kalktolerante Unterlage veredelt. Diese Sorten ertragen pH-Werte von 4,5–6,5! Rhododendren reagieren auch sehr empfindlich auf Staunässe und Bodenverdichtung.
Catawbiense-Hybriden sind raschwüchsig und werden sehr groß. Sollte das Raumangebot für einen großen Rhododendronstrauch nicht ausreichend sein, dann verwenden Sie besser die schwachwüchsigen, ungemein reichblühenden Yakushimanum-Hybriden!
Schnittzeitpunkt: Auslichtungs-, Korrektur- und Verjüngungsschnitt im zeitigen Frühjahr.
Weitere Arten: Yakushima-Rhododendron (*Rhododendron yakushimanum*) und dessen Hybriden sind dicht kugelig wachsende, immergrüne Sträucher bis zu 1 m Wuchshöhe und sehr reichem Blütenschmuck im Mai. Ihr Blütenspektrum reicht von Weiß über Zartrosa und Rot bis Lila. Die Sorten dieser Gruppe erkennt man an den silber-graufilzigen Blattunterseiten. Außer dem Ausbrechen der abgeblühten Blütenstände sind bei den Vertretern dieser Gruppe keine weiteren Schnittmaßnahmen erforderlich.

V–VI

Schneeball, Gewöhnlicher

Viburnum opulus

Beschreibung: Der Gewöhnliche Schneeball ist ein breit ausladender, unregelmäßig aufgebauter Großstrauch mit bis zu 4 m Höhe und 3–4 m Breite. Im Alter sind die Zweige etwas überhängend. Im Mai/Juni entfalten sich die rahmweißen, 8–10 cm breiten, tellerförmigen Schirmrispen, die von einem Kranz auffälliger steriler Randblüten umgeben sind. Im Herbst entwickeln sich die etwa 1 cm großen, leuchtend roten Früchte, die meist bis spät in den Winter hinein an den Sträuchern bleiben. Bei der Sorte 'Roseum' sind alle Blüten steril und die Blütenstände ballförmig entwickelt.

Erziehungsschnitt: Entfernen Sie nach dem Pflanzen alle schwachen und beschädigten Triebe. Kürzen Sie die restlichen um ein Drittel ein.

Erhaltungsschnitt: Die Sträucher sollen sich in den ersten Jahren ohne Schnittmaßnahmen entwickeln können. Damit die Pflanzen blühwillig bleiben und dabei nicht zu groß werden, schneiden Sie bei gut entwickelten Sträuchern am besten alle zwei bis drei Jahre jeweils nach der Blüte ein bis zwei Triebe an der Basis heraus und kürzen ein weiteres Drittel auf eine kräftige Verzweigung ein. Die kompakt wachsende Sorte 'Compactum' benötigt in der Regel keinen Schnitt, baut sich optimal auf und blüht und fruchtet dabei ungemein reichlich. Dennoch sollte man auch bei dieser Sorte nach etwa acht bis zehn Jahren mit einem leichten Auslichtungsschnitt beginnen.

Verjüngungsschnitt: Der Gewöhnliche Schneeball regeneriert sich nach einem kräftigen Rückschnitt recht gut. Schneiden Sie im Spätwinter alle kräftigen Triebe auf ein Gerüst von 50–70 cm zurück und entfernen Sie alle schwachen und die stark überalterten Triebe an der Basis. Durch den starken Neuaustrieb wird es notwendig sein, entsprechende Korrekturschnitte im Sommer bzw. im folgenden Spätwinter durch-

Der Erhaltungsschnitt beschränkt sich auf ein geringfügiges Auslichten, das in zwei- bis dreijährigem Turnus durchgeführt werden sollte.

zuführen, damit sich erneut eine regelmäßige Wuchsform aufbaut. Besser wäre es, den Schnitt auf zwei bis drei Jahre zu verteilen.

Besondere Hinweise: Der Gewöhnliche Schneeball wird in manchen Jahren sehr stark von Blattläusen befallen.

Schnittzeitpunkt: Auslichtungsschnitt nach der Blüte im Frühsommer, Verjüngungsschnitt im Spätwinter.

Weitere Arten: Burkwoods Schneeball (*Viburnum × burkwoodii*, siehe Bild links) erhält einen leichten Auslichtungsschnitt nach der Blüte und wird sonst wie *V. opulus* geschnitten.

Der Bodnant-Schneeball (*Viburnum × bodnantense*) ist ein dichtbuschiger, von der Basis an vieltriebiger Strauch bis etwa 2,5 m Höhe. Die rosafarbenen, stark duftenden Blüten öffnen sich bei günstiger Witterung ab November, der Hauptflor erfolgt von Februar bis März. Die Blüten sitzen in 5–7 cm breiten, dichten Büscheln am Ende der vorjährigen Triebe. Dieser Schneeball entwickelt sehr viele Triebe aus der Basis heraus. Schneiden Sie bei gut entwickelten Pflanzen direkt nach der Blüte im zeitigen Frühjahr bis zu einem Fünftel der Triebe an der Basis heraus. Entfernen Sie alte, nicht mehr blühfreudige und zu dicht stehende Triebe, lassen Sie die übrigen jedoch unbeschnitten.

Um den Bodnant-Schneeball zu verjüngen, entfernen Sie alle alten Triebe an der Basis. Lassen Sie einige junge, gut entwickelte Triebe stehen. Nach dem neuen Austrieb sollten Sie zu dicht stehende Triebe entfernen. Die Sträucher werden erst wieder in ein bis zwei Jahren reich blühen. Sie können den Schnitt auch auf zwei bis drei Jahre verteilen und jeweils nur einen Teil der alten Triebe an der Basis herausnehmen.

Der Großblumige Duft-Schneeball (*Viburnum × carlcephalum*) ist ein mittelgroßer 2–2,5 m hoher und ebenso breiter, locker aufgebauter Strauch mit stumpfgrünen Blättern. Seine an den Zweigen endständig sitzenden, bis zu 13 cm großen Blütenstände duften stark. Sie sind in der Knospe rosafarben, im Aufblühen weiß und entfalten sich von Anfang bis Ende Mai. Ein leichter Auslichtungsschnitt nach der Blüte ist ratsam.

VII–VIII

Schönfrucht, Liebesperlenstrauch

Callicarpa bodinieri

Beschreibung: Die mittelgroßen, sommergrünen Sträucher wachsen anfangs schmal aufrecht, werden mit zunehmendem Alter breiter und sind dann etwa gleich breit wie hoch. Ihre helllilafarbenen Blüten entfalten sich im Juni. Sie sitzen in den Blattachseln und fallen deshalb nur bei genauerem Hinsehen auf. Unübersehbar hingegen sind jedoch die stecknadelgroßen, in Fruchtständen zusammenstehenden violetten Früchte. Bereits im Herbst leuchten sie unter den Blättern hervor. Vollends entfalten sie ihre Schmuckwirkung aber erst nach dem Laubfall, und bis lange in den Winter kann man dann die leuchtend violetten Früchte an den Sträuchern bewundern. Es gibt auch eine weiß fruchtende Schönfrucht (*Callicarpa japonica* 'Leucocarpa'), bei der der Fruchtbehang allerdings nicht ganz so massiv ist. Bei stark fruchtenden Sträuchern neigen sich die Triebe waagerecht oder hängen leicht über. Die Schönfrucht benötigt in den ersten Jahren keinen Schnitt.

Erziehungsschnitt: Junge Pflanzen benötigen einen scharfen Rückschnitt, damit sie sich von der Basis aus buschig verzweigen. Bevor die Pflanzen im Frühjahr zu wachsen beginnen, sollten alle schwachen und beschädigten Triebe entfernt werden. Die restlichen Triebe schneiden Sie auf drei bis fünf Augenpaare über dem Boden zurück. Damit ist der Erziehungsschnitt schon abgeschlossen.

Erhaltungsschnitt: Die jungen Pflanzen der Schönfrucht benötigen einige Jahre, bis sie richtig blühen und reichen Fruchtansatz bringen. In den folgenden Jahren werden die Sträucher durch die Entnahme von Fruchtzweigen für Dekorationszwecke ausreichend ausgelichtet. Auch das Entfernen der unter dem Fruchtgewicht stark herab gebogenen oder abgebrochenen Zweige trägt dazu bei. Kürzen Sie jene

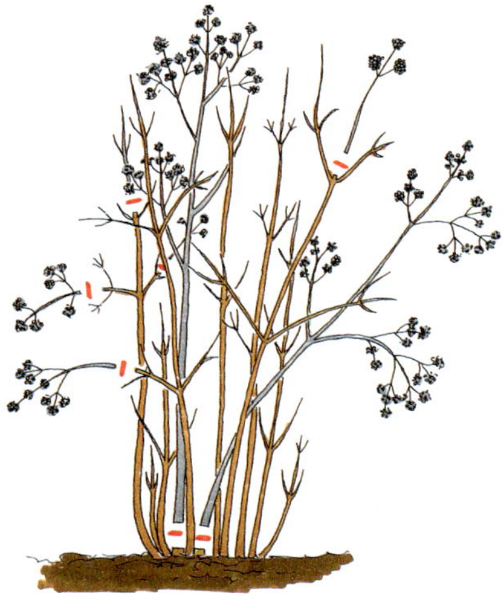

Kürzen Sie die Zweige, die im Vorjahr gefruchtet haben, im Spätwinter um die Hälfte ein. Sie können in mehrjährigen Abständen auch jeweils die ältesten Triebe knapp über dem Boden herausschneiden.

Zweige, die im Vorjahr gefruchtet haben, im Frühjahr vor dem Austrieb etwa um die Hälfte ein. Nach etwa sechs bis acht Jahren ist es bereits empfehlenswert, alljährlich einige der ältesten Triebe an der Basis herauszuschneiden. Üblicherweise wird die Schönfrucht nur nach starken Frostschäden zurückgeschnitten. Dies kann im Vorfrühling geschehen. Dabei werden alle Triebe bis auf den Boden zurückgeschnitten (siehe Verjüngungsschnitt). Die Pflanzen regenerieren sich zwar gut, blühen und fruchten dann allerdings erst in den Folgejahren wieder.

Verjüngungsschnitt: Werden die Pflanzen für längere Zeit nicht geschnitten, entwickeln sie mit zunehmendem Alter ein Dickicht mit geringerem Blüten- und Fruchtansatz. Sie werden dann auch anfälliger für Krankheiten und Schädlinge. Zur Verjüngung belassen Sie die vier bis fünf jüngsten Triebe und schneiden alle übrigen 5–10 cm über dem Boden zurück. Dieser radikale Rückschnitt sollte im Spätwinter durchgeführt werden. Die Pflanzen werden daraufhin stark austreiben. Im darauf folgenden Jahr schneiden Sie wieder alle schwachen sowie die vom Vorjahr verbliebenen, vier bis fünf Jahre alten Triebe bodennah ab. Aus den verbliebenen Trieben wird sich der Strauch dann wieder neu aufbauen.

Besondere Hinweise: In sehr kalten und langen Wintern kann die Schönfrucht starke Frostschäden erleiden, die auch die ausgereiften Triebe betreffen können. Die fruchttragenden Zweige bieten sich wegen der auffallenden violetten Fruchtfärbung und der guten Haltbarkeit besonders für Dekorationszwecke an. Im Garten behalten die Sträucher ihren prächtigen Fruchtschmuck bis weit in den Winter hinein.

Schnittzeitpunkt: Auslichtungsschnitt im zeitigen Frühjahr vor dem Austrieb, Verjüngungsschnitt im Spätwinter.

VI

Sommerflieder, Schmalblättriger

Buddleja alternifolia

Beschreibung: Bezüglich Wuchs und Schnittmaßnahmen haben der Schmalblättrige Sommerflieder und der Schmetterlingsstrauch (*Buddleja davidii*, siehe S. 93) keine Gemeinsamkeiten! Erster ist ein eleganter, breit ausladender, sommergrüner Strauch mit kaskadenartig überhängenden Trieben. Deshalb wird er oft auch als „Kaskaden-Sommerflieder" bezeichnet. Entlang der vorjährigen Langtriebe bilden sich im späten Frühjahr kleine Blattrosetten. Daraus entwickeln sich dann im Frühsommer die hellvioletten, duftenden Blütenbüschel. Bereits während der etwa zwei bis drei Wochen dauernden Blütezeit bilden sich im mittleren Bereich der vorjährigen Triebe vereinzelt beblätterte Langtriebe. Dies sind bereits die Blütentriebe für das folgende Jahr. Die Pflanzen sollten sich natürlich entwickeln können, denn nur dann entfalten sie ihren malerischen Habitus. Allerdings wächst der Schmalblättrige Sommerflieder wegen seiner speziellen Wuchseigenschaften mit den Jahren immer mehr in die Breite und Höhe. Deshalb sollten Sie rechtzeitig mit den Schnittmaßnahmen beginnen.

Erziehungsschnitt: Entfernen Sie beschädigte und schwache Triebe und kürzen Sie die kräftigen Triebe um ein Drittel ein. Schneiden Sie bei jungen Pflanzen mit Blütentrieben diese nach der Blüte Ende Juni bis auf die bereits neuentwickelten diesjährigen Triebe zurück. Um den Aufbau eines kräftigen Gerüsts zu gewährleisten, kürzen Sie diese Triebe ebenfalls um die Hälfte oder um zwei Drittel ein.

Erhaltungsschnitt: In den ersten Jahren nach der Pflanzung sollten Sie nur einseitig wachsende oder zu stark wachsende Triebe einkürzen.
Hat der Sommerflieder einmal die gewünschte Größe erreicht, dann ist es Zeit, mit den Schnittmaßnahmen zu beginnen. Ein Auslichtungs-

schnitt nach der Blüte im Juni wird gut vertragen, gleichzeitig wird dadurch ein Vergreisen der Pflanze an der Basis zurückgehalten. Schneiden Sie die abgeblühten, vorjährigen Triebe auf gesunde Knospen oder blattlose, inzwischen neugebildete Triebe zurück. Von Zeit zu Zeit ist es ist auch ratsam, einzelne alte Triebe bis zu kräftigen Jungtrieben im Strauchinneren zurückzunehmen. Zusätzlich sollten in Abständen von mehreren Jahren jeweils auch einzelne ältere Triebe an der Basis herausgeschnitten werden, damit sich die Pflanze von innen heraus wieder verjüngen kann.

Verjüngungsschnitt: Bei vernachlässigten jüngeren Sträuchern kann ein Verjüngungsschnitt durchgeführt werden. Dieser geht allerdings auf Kosten der Blütenfülle im Folgejahr. Ältere Pflanzen zu verjüngen ist zwar möglich, aber dazu brauchen Sie viel Geduld. Beblätterte junge Triebe sind nur im äußeren Kronenbereich vorhanden, während sich im Strauchinneren nur noch dicke, blattlose Triebe befinden, die erst nach starkem Rückschnitt wieder austreiben. Kürzen Sie diese Triebe auf 50–60 cm ein. Den neuen Austrieb (lange, unverzweigte Triebe!) sollten Sie im Sommer nochmals einkürzen. In den folgenden ein bis zwei Jahren muss dann der Habitus durch neuerliches Einkürzen der Triebe neu aufgebaut werden.

Besondere Hinweise: Überaltere Pflanzen mit dicken Stämmen lassen sich zwar noch verjüngen, es dauert aber dann einige Jahre, bis die Pflanzen wieder ihren typischen Habitus entwickeln.

Schnittzeitpunkt: Auslichtungsschnitt nach der Blüte, Verjüngungsschnitt im Spätwinter .

Links: Schneiden Sie im Juni nach der Blüte alle abgetragenen Zweige bis zu den aufrecht wachsenden diesjährigen Neutrieben zurück.

Rechts: Erhaltungsschnitt nach der Blüte im Juni.

VII–IX

Sommerflieder, Schmetterlingsstrauch

Buddleja davidii

Beschreibung: Der Schmetterlingsstrauch zählt zu den beliebtesten Ziersträuchern unserer Gärten. Die lange Blütezeit, seine zahlreichen Farbvarietäten und vor allem die Tatsache, dass er Schmetterlinge wie ein Magnet anzieht, sind Grund für seine große Beliebtheit. Der sommergrüne, breit vasenförmige Strauch wächst mit trichterförmig-aufrechten Haupttästen und ausladenden, leicht überhängenden Seitenzweigen. Je nach Sorte kann er dabei Wuchshöhen von 3–4 m erreichen. Es gibt inzwischen aber auch einige Sorten mit wesentlich schwächerem Wuchs, wobei Wuchshöhen und -breiten von 1,2–2 m kaum überschritten werden. Diese Sorten sind vor allem für kleinere Gärten, Terrassengärten und für die Bepflanzung von Balkonen sehr empfehlenswert. Die langen, bogig übergeneigten Blütenrispen trägt der Schmetterlingsstrauch von Juli bis zum Herbst am Ende der diesjährigen Zweige. Damit der Strauch über viele Jahre hindurch vital und reichblühend bleibt, ist es unbedingt erforderlich, ihn von Anfang an regelmäßig zu schneiden. Wird der Schmetterlingsstrauch lange Zeit oder überhaupt nicht geschnitten, neigt er dazu, ein Gewirr lebender, abgestorbener und kaum noch blühender Zweige zu bilden. Die Strauchbasis verkahlt dann zusehends. Dann hilft nur noch ein kräftiger Verjüngungsschnitt mit all seinen nachteiligen Folgen. Der Sommerflieder sät sich leicht von selbst aus und neigt zum Verwildern. Aus diesem Grund wird mancherorts empfohlen, bzw. sogar vorgeschrieben, die abgeblühten Blütenrispen regelmäßig abzuschneiden, bevor sich die Samen entwickeln können.

Erziehungsschnitt: Entfernen Sie im ersten Jahr alle schwachen Triebe und kürzen Sie die Hauptäste ein, damit sich ein Gerüst ab etwa 40–50 cm über dem Boden aufbaut.

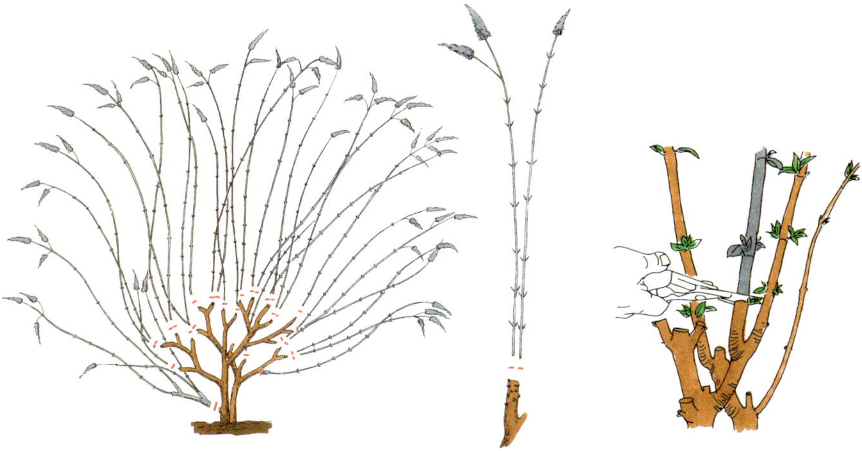

Damit dieses kräftig wird und sich reich verzweigt, sollten Sie auch in den folgenden ein bis zwei Jahren vor dem Austrieb im zeitigen Frühjahr den jeweiligen Jahreszuwachs auf etwa 10–15 cm zurückschneiden.

Erhaltungsschnitt: Die ersten abgeblühten Blütenstände können Sie gleich entfernen, um die Blüten an den nachfolgenden seitlichen Verzweigungen zu fördern. Im zeitigen Frühjahr wird nun alljährlich der vorjährige Wuchs scharf auf das Gerüst zurückgeschnitten, sodass jeweils nur zwei oder drei Augenpaare übrigbleiben. Trotz des scharfen Rückschnitts wird der Schmetterlingsstrauch von Jahr zu Jahr größer. Der Blütenreichtum wird durch diesen Schnitt beträchtlich gefördert, weil der Strauch ohnehin immer am Ende der diesjährigen Triebe blüht. Je mehr neue Triebe entwickelt sind, umso reicher blüht der Strauch natürlich!

In späteren Jahren werden noch alle abgestorbenen oder nicht austreibenden, alten Teile des Gerüsts mit einer Astschere oder Säge entfernt.

Erhaltungsschnitt im Spätwinter: Alle Triebe werden bis aus das Gerüst zurückgeschnitten. Vom vorjährigen Trieb bleiben nur kurze Stummel mit zahlreichen Knospen stehen (siehe Detail).

Verjüngungsschnitt: Sind die Sträucher bereits zu groß oder werden sie zu dicht, dann können Sie auch ins alte Holz zurückschneiden. Der Schmetterlingsstrauch wird (vorausgesetzt er ist nicht überaltert!) trotzdem noch im selben Jahr am Ende der neugebildeten Triebe blühen.

Besondere Hinweise: Bei stark überalterten Pflanzen ist ein Verjüngungsschnitt nicht mehr erfolgversprechend, denn sie regenerieren sich nur noch sehr schlecht. Ersetzen Sie diese besser durch junge Pflanzen, die innerhalb von zwei bis drei Jahren wieder zur vollen Größe heranwachsen.

Schnittzeitpunkt: Zeitiges Frühjahr vor dem Austrieb.

Spierstrauch, Belgischer

Spiraea × vanhouttei

Beschreibung: Spiersträucher gehören wegen ihres lockeren bis überhängenden Wuchses und der überreichen Blütenfülle zu den bekanntesten und am weitesten verbreiteten Ziersträuchern unserer Gärten. Der Belgische Spierstrauch, oft auch als Heckenspiere bezeichnet, ist ein 2–2,5 m hoher, breitbuschiger, kräftig und aufrecht wachsender, dichttriebiger Strauch. Seine Zweige sind insbesondere im Alter bogig überhängend. Im Mai entfalten sich die zahlreichen weißen Blüten auf der gesamten Länge der vorjährigen Triebe in dichten, halbrunden Doldentrauben. Dieser Spierstrauch stellt keine besonderen Ansprüche an Boden und Klima. Er wird sowohl als Einzelpflanze in Kombination mit Blütenstauden als auch für Gruppen- und Unterpflanzungen im lichten Schatten unter Bäumen verwendet. Als geschnittene sowie als freiwachsende Heckenpflanze trifft man den Belgischen Spierstrauch ebenfalls oft an.

Erziehungsschnitt: Entfernen Sie nach dem Pflanzen im Frühjahr dünne und beschädigte Triebe. Kürzen Sie die restlichen um zwei Drittel ein. Bei der Verwendung von Containerpflanzen lichten Sie diese bei der Pflanzung nur vorsichtig aus. Schneiden Sie an den jungen Pflanzen alle verblühten Triebe auf kräftige Augen zurück.

Erhaltungsschnitt: In den ersten Jahren nach erfolgtem Erziehungsschnitt können Sie die Pflanzen ohne besondere Schnittmaßnahmen wachsen lassen. Kürzen Sie bei etablierten sowie älteren Pflanzen nach der Blüte die abgeblühten Triebe etwa um die Hälfte ein und entfernen Sie zusätzlich etwa ein Viertel der Triebe an der Basis. Dadurch bleibt der Strauch locker und lässt sich in seiner Wuchskraft etwas eindämmen. Sträucher, die in gemischten Pflanzengruppen oder freiwachsende Spireenhecken wachsen, sollten zumindest in mehrjährigem Turnus kräftig ausgelichtet werden. Dazu schneiden

Sie jeweils etwa ein Drittel der Triebe bodennah heraus. Formhecken schneiden Sie stets nach der Blüte mit einer Heckenschere. Auch hier ist ein Auslichtungsschnitt in mehrjährigem Turnus von Vorteil, damit die Hecke an der Basis nicht verkahlt.

Verjüngungsschnitt: Obwohl Spiersträucher gut schnittverträglich sind, sollten Sie beim Verjüngungsschnitt etwas vorsichtiger vorgehen. Vernachlässigte Pflanzen regenerieren sich nach scharfem Rückschnitt auf etwa 50–60 cm recht gut, überalterte dagegen nur noch mäßig. Lassen Sie bei vernachlässigten Pflanzen wenige alte Triebe stehen und kürzen Sie diese nur ein. Die übrigen entfernen Sie knapp über dem Boden.

Besondere Hinweise: Der Belgische Spierstrauch ist sehr anpassungsfähig und gedeiht auch auf ungünstigen und trockenen Standorten noch zufriedenstellend. Stark überalterte Pflanzen sollte man besser ersetzen.

Schnittzeitpunkt: Auslichtungsschnitt nach der Blüte im Mai; Verjüngungsschnitt im Spätwinter.

Links: Wird der Belgische Spierstrauch nicht als Heckenpflanze verwendet, kürzt man die abgeblühten Triebe etwa um die Hälfte ein und entfernt etwa ein Viertel der Triebe an der Basis.

Rechts: Kürzen Sie die abgeblühten Triebe bei kräftig entwickelten Jungtrieben an der Trieboberseite ein.

Weitere Arten: Der Braut-Spierstrauch (*Spiraea × arguta*) ist ein zierlicher, dünntriebiger, bis zu 2 m hoher Strauch mit schmal lanzettlichen Blättchen und reinweißen Blüten. Seine Blüten entfalten sich in vielblütigen Trugdolden entlang der oberen zwei Drittel der vorjährigen Zweige. Der Braut-Spierstrauch blüht bereits vor dem Laubaustrieb im April ebenso wie der Aschgraue Spierstrauch (*Spiraea × cinerea*), der dem Braut-Spierstrauch sehr ähnlich ist. Beide Arten werden ebenfalls gleich nach der Blüte ausgelichtet.

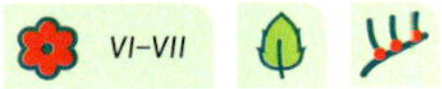

Spierstrauch, Japanischer

Spiraea japonica

Beschreibung: Der Japanische Spierstrauch ist mit seinen zahlreichen Sorten ein vielseitig verwendbarer Kleinstrauch für kleine Gärten, Trogbepflanzungen und Dachgärten. Der dichttriebige Kleinstrauch wird etwa 0,5–0,8 m hoch, einige Sorten können aber mitunter bis zu 1,2 m Wuchshöhe erreichen. Die meist rosafarbenen, seltener auch weiß gefärbten Blüten entwickeln sich endständig an diesjährigen Langtrieben. Sie sitzen in etwa 5–15 cm breiten, endständigen Trugdolden und öffnen sich von Juli bis August. Es gibt zahlreiche Sorten, die sich in Wuchshöhe und Blütenfarbe unterscheiden. In den letzen Jahren werden auch einige Sorten mit intensiv gelbem oder rötlichem Laubaustrieb angeboten.

Erziehungsschnitt: Schneiden Sie beim Pflanzen alle schwachen Triebe heraus und kürzen Sie die verbleibenden, kräftigen Triebe auf ein 10–15 cm hohes Gerüst ein.

Erhaltungsschnitt: Japanische Spiersträucher können nach dem Erziehungsschnitt einige Jahre auch ohne Schnittmaßnahmen wachsen. Spätestens dann sollten sie aber auf jeden Fall kräftig zurückgeschnitten werden. Bei den stärkerwüchsigen Sorten (zum Beispiel der Zwergspiere 'Shirobana' sowie bei *Spiraea* × *bumalda* 'Dart's Red' und 'Zigeunerblut') kürzen Sie vor dem Austrieb im zeitigen Frühjahr alle vorjährigen Triebe auf zwei bis vier Knospen über dem verholzten Gerüst ein. Die schwachwachsenden Sorten, wie beispielsweise die häufig verwendete und bewährte Rosa Zwerg-Spiere 'Little Princess' sowie die Weiße Zwerg-Spiere 'Albiflora', können Sie bereits nach der Blüte im Spätsommer am besten mit einer Heckenschere schneiden. Entfernen Sie dabei nur die abgeblühten Blütenstände. Damit erübrigen sich weitere Schnittmaßnahmen im folgenden Frühjahr. Sorten mit farbigem Laubaustrieb (zum Beispiel

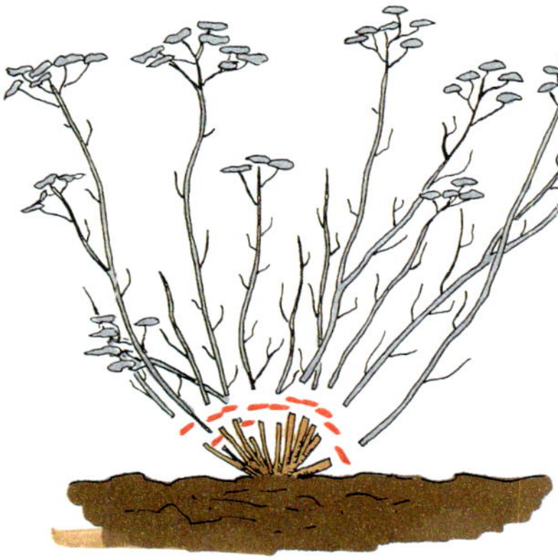

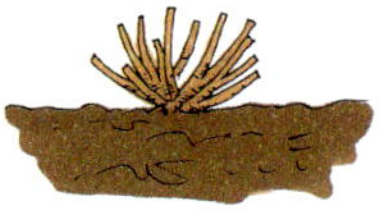

'Hubert Gold', 'Golden Princess', 'Firelight') schneiden Sie regelmäßig im Vorfrühling vor dem Austrieb stark auf ein niedriges Gerüst zurück. Dadurch entwickeln sich die Sträucher von Jahr zu Jahr dichter, die nunmehr zahlreichen diesjährigen Triebe weisen eine entsprechend gute Blattausfärbung auf. Die Blütenwirkung ist bei diesen Sorten jedoch zweitrangig.

Verjüngungsschnitt: Wird der Erhaltungsschnitt regelmäßig durchgeführt, dann erübrigt sich ein Verjüngungsschnitt. Überalterte Sträucher haben viel abgestorbenes Holz an der Basis angesammelt. Sie regenerieren sich nach einem scharfen Rückschnitt nicht mehr gut.

Besondere Hinweise: Japanspieren mit buntem Laubaustrieb eignen sich besonders gut dazu, Farbaspekte in den Garten zu bringen. Voraussetzung ist der alljährlich kräftige Rückschnitt vor dem Austrieb im zeitigen Frühjahr!

Schnittzeitpunkt: Rückschnitt im zeitigen Frühjahr, bei schwachwüchsigen Sorten bereits im Spätsommer nach der Blüte möglich.

Links: Der Japanische Spierstrauch wird im Frühjahr vor dem Austrieb auf ein niedriges Gerüst zurückgeschnitten.

Rechts: Die Pflanze nach dem Rückschnitt.

Weitere Arten: Der Birkenblättrige Spierstrauch (*Spiraea betulifolia*) und der Dichtblütige Spierstrauch (*Spiraea densiflora*) sind in ihrem Wuchs- und Blühverhalten dem Japanischen Spierstrauch ähnlich. Der Birkenblättrige Spierstrauch weist eine leuchtend orangefarbene bis weinrote Herbstfärbung auf. Die Blüten sind weiß bis rosa gefärbt. Die Schnittmaßnahmen sind dieselben wie beim Japanischen Spierstrauch. Der Niederliegende Spierstrauch (*Spiraea decumbens*) bleibt mit etwa 25 cm Wuchshöhe sehr niedrig und treibt Ausläufer. Diese Pflanze eignet sich als Flächenpflanze und ist ebenfalls gut schnittverträglich.

VII–IX

Trompetenwinde, Klettertrompete

Campsis radicans

Beschreibung: Die Trompetenwinde ist ein starkwachsender Kletterstrauch mit sprossbürtigen Haftwurzeln. Da die Pflanze mit zunehmendem Alter und mit den überhängenden Blütentrieben aber ein beachtliches Gewicht entwickelt, reichen die Haftwurzeln nicht aus, um die Pflanze dauerhaft und verlässlich zu tragen. Sie benötigt deshalb unbedingt ein kräftiges, gut verankertes Klettergerüst. Die endständigen Büschel orangefarbener bis scharlachroter oder gelber (Gelbe Klettertrompete, Sorte 'Flava'), trompetenförmiger Blüten erscheinen vom Hochsommer bis zum Herbst an den diesjährigen Trieben.

Erziehungsschnitt: Es ist wichtig, ein kräftiges, verholztes Gerüst aufzubauen, an dessen jährlich neu gebildeten Seitentrieben sich die Blüten entwickeln. Schneiden Sie deshalb nach dem Pflanzen die Triebe auf etwa 15 cm zurück, damit sich kräftige Neutriebe entwickeln, die später das Gerüst der Pflanze aufbauen. Lassen Sie einen oder zwei Triebe stehen, entfernen Sie die übrigen an der Basis. Leiten Sie die verbliebenen Sprosse nun an das Klettergerüst heran und binden Sie diese fest. Lassen Sie jedes Jahr etwa 1 m des Zuwachses an den Haupttrieben stehen, kürzen Sie jedoch vor dem Austrieb im Frühjahr alle seitlichen, vorjährigen Triebe auf ein bis zwei Knospenpaare ein. An deren Enden werden sich im Sommer die Blütenbüschel entwickeln.

Erhaltungsschnitt: Ist das Gerüst einmal aufgebaut, dann kürzen Sie alljährlich im zeitigen Frühjahr vor dem Austrieb alle vorjährigen Triebe auf ein bis zwei Knospenpaare ein. Nur so wird die Klettertrompete zuverlässig und reichhaltig blühen. Durch den scharfen Schnitt entwickeln sich drei bis vier kurze Triebe, die an ihren Enden jeweils ein großes Blütenbüschel tragen. Sind nach mehreren Jahren durch das kräftige Einkürzen der Seitentriebe verzweigte, wulstartige

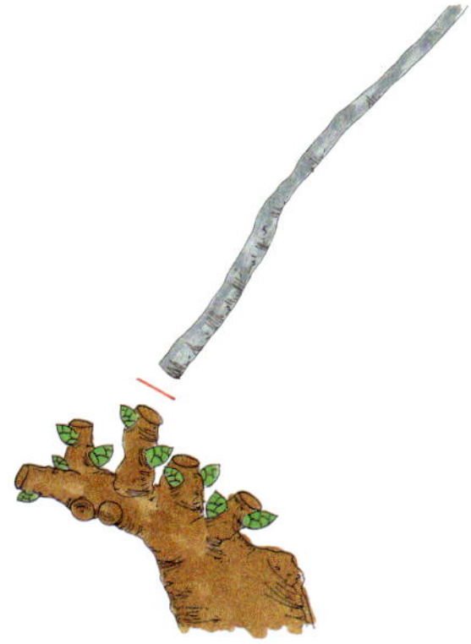

Köpfe entstanden, dann schneiden Sie diese bis auf einen an deren Basis wachsenden Jungtrieb zurück. Schwache und kranke Triebe sowie abgetrocknete Zapfen aus dem Vorjahr entfernen Sie ebenfalls vollständig.

Verjüngungsschnitt: Die Klettertrompete spricht auch auf einen kräftigen Rückschnitt gut an. Ist ein Hauptspross beschädigt oder bereits zu stark, dann kürzen Sie diesen vor dem Austrieb auf einen kräftig entwickelten Jungtrieb oder auf 30–50 cm über dem Boden ein. Bauen Sie mit dem jungen Trieb wieder ein neues Gerüst, wie oben erwähnt, auf. Nach etwa drei bis vier Jahren wird sich die Pflanze wieder vollständig regeneriert haben.

Besondere Hinweise: Vollsonnige, warme, geschützte Lagen werden bevorzugt und bringen reichen Blütenschmuck hervor. Gelegentlich treibt die Klettertrompete Wurzelausläufer, die Sie, falls diese unerwünscht sind, an deren Entstehungsstelle am besten ausreißen. Nicht abschneiden, dadurch wachsen sie nur noch

Links: Alle vorjährigen Triebe der Trompetenwinde werden vor dem Austrieb im Frühjahr bis auf 1–2 Augenpaare eingekürzt. An den Enden der neu gebildeten Triebe blüht die Trompetenwinde im Sommer.

Rechts: Das Detail zeigt den richtigen Schnitt der Triebe im zeitigen Frühjahr.

stärker! Sie können die Klettertrompete durch entsprechende Schnittmaßnahmen auch als mehrstämmigen Strauch erziehen.

Schnittzeitpunkt: Zeitiges Frühjahr vor dem Austrieb.

Weitere Arten: Große Klettertrompete 'Madame Galen' (*Campsis* x *tagliabuana* 'Mme. Galen') wächst mit 4 m Höhe wesentlich schwächer als die gewöhnliche Klettertrompete, bildet aber kaum sprossbürtige Haftwurzeln aus. Ihre orange-scharlachroten Blüten sind breit trichterförmig und wesentlich auffälliger als jene der Art.

V–IX

Waldrebe, Großblumige

Clematis-Hybriden

Beschreibung: Zu dieser Gruppe zählen die großblumigen *Clematis*-Hybriden. Sie blühen im Frühsommer am vorjährigen Trieb und im späten Sommer bis Frühherbst ein zweites Mal am diesjährigen Zuwachs. Wenn die Pflanzen entsprechend diesem Wuchs- und Blühverhalten geschnitten werden, können sich die beiden Blühphasen durchaus überschneiden. 'Dr. Ruppel', 'Nelly Moser' oder 'The President' sind bekannte Sorten aus dieser Gruppe.

Erziehungsschnitt: Achten Sie schon beim Kauf darauf, dass die leicht brechenden Triebe nicht geknickt oder abgebrochen sind. Beim Pflanzen ist es wichtig, dass das erste Knospenpaar der Sträucher unter der Erde zu liegen kommt. Dadurch ist dieses geschützt und die Pflanze kann sich regenerieren, falls die oberirdischen Triebe erfrieren oder abgebrochen sind. Schneiden Sie die junge Pflanze kapp über dem ersten über dem Boden befindlichen Knospenpaar zurück. Wenn die Pflanze erst später im Frühsommer im bereits blühenden Zustand gekauft wurde, unterbleibt dieser sehr wichtige Pflanzschnitt zumeist. Dann ist dieser Schnitt jedoch spätestens im nächsten Frühjahr nach der Pflanzung nachzuholen!

Leiten Sie die jungen, noch unverholzten Triebe auf das Klettergerüst. Versuchen Sie bei flächigen Gerüsten die Triebe möglichst waagerecht zu leiten und anzubinden.

Erhaltungsschnitt: Ziel des Schnittes bei dieser Gruppe ist bei bereits etablierten Pflanzen ein Gerüst aus altem Holz zu erhalten und gleichzeitig durch geeignete Schnittmaßnahmen die Bildung von Neutrieben anzuregen und damit die Blütenbildung zu steigern. Schneiden Sie im Frühjahr vor dem Austrieb alle schwachen oder beschädigten Triebe bis zum Ansatz oder bis zum Boden zurück. Lassen Sie jedoch ein gut verteiltes Gerüst aus alten Trieben stehen, kür-

Bei den Sorten dieser Gruppe werden die ersten Blüten an den vorjährigen, die zweiten Blüten an den diesjährigen Neutrieben gebildet.

Unmittelbar nach der Blüte oder im zeitigen Frühjahr vor dem Austrieb wird ein Teil der Triebe eingekürzt, einzelne Triebe werden an der Basis herausgenommen. Dabei bleibt ein Teil der vorjährigen Triebe ungeschnitten (erster Blütenflor), die restlichen werden vor dem Austrieb leicht eingekürzt. An diesen entwickeln sich die Neutriebe, die den zweiten Blütenflor bringen.

zen Sie diese nur um ein Viertel ihrer Länge ein. Achten Sie darauf, dass die Triebe des Gerüsts in der Höhe etwas versetzt eingekürzt werden, damit die Blüten später locker über die ganze Pflanze verteilt sind. Es besteht natürlich die Möglichkeit, nach dem ersten Blütenflor die abgeblühten Triebe einzukürzen, dadurch einen neuen Austrieb anzuregen und damit den zweiten Blütenflor zu erzielen. Eine weitere Möglichkeit besteht darin, insbesondere bei dicht gewachsenen und weniger oft geschnittenen Pflanzen, diese im Frühjahr vor dem Austrieb kräftiger ins alte Holz zurückzuschneiden.

Verjüngungsschnitt: Da auch die Sorten dieser Gruppe sehr stark wachsen und mit zunehmendem Alter ein Gewirr von ineinander verwachsenen Trieben bilden, ist ein starker Rückschnitt (Verjüngungsschnitt) ins alte Holz in vier- bis fünfjährigen Abständen empfehlenswert. Auch in diesem Fall wird der erste Blütenflor entfallen, der zweite dafür aber reichlich ausfallen.

Besondere Hinweise: Oft kann man bei den großblumigen Hybriden ein plötzliches Vertrocknen einzelner Triebe beobachten. Vorsicht! Die Pflanze ist von der *Clematis*-Welke befallen. Schneiden Sie derartig verwelkte Triebe sofort direkt am Boden heraus und verbrennen sie diese oder entsorgen Sie diese mit dem Hausmüll! Nicht zum Kompost geben! Durch optimale Wasser- und Nährstoffversorgung ist die Gefahr des Auftretens der Clematis-Welke deutlich geringer.

Schnittzeitpunkt: Vor dem Austrieb im zeitigen Frühjahr.

VI–IX

Waldrebe, Italienische

Clematis viticella und deren Sorten

Beschreibung: Die Italienische Waldrebe und deren Sorten blühen ausschließlich am diesjährigen Trieb, je nach Sorte von Frühsommer bis in den Spätsommer hinein. Da sie sich von der Basis aus kräftig regenerieren, können sie alljährlich stark zurückgeschnitten werden. Diese Pflanzen benötigen den regelmäßigen Rückschnitt unbedingt, weil ansonsten die Blühfreudigkeit stark nachlässt oder gar verloren geht. Es gibt zahlreiche Sorten von der Italienischen Waldrebe. Von weiß über rosa, rot und blau sind alle Blütenfarben vertreten. Ihre meist glöckchenförmigen Blüten sind wesentlich zierlicher als jene der großblumigen Hybriden, auch das Blattwerk ist nicht so derb. Sie lassen sich gut mit Kletter-Rosen kombinieren. Weil sie ohnehin alljährlich bis knapp über dem Boden zurückgeschnitten werden, ist die Kletter-Rose freigestellt und lässt sich problemlos schneiden.

Erziehungsschnitt: Beim Pflanzen ist es wichtig, dass das erste Knospenpaar der Sträucher unter der Erde zu liegen kommt. Schneiden Sie die junge Pflanze knapp über dem ersten über dem Boden befindlichen Knospenpaar zurück. Leiten Sie die jungen, noch unverholzten Triebe auf das Klettergerüst und versuchen Sie bei flächigen Gerüsten, die Triebe möglichst waagerecht zu leiten und anzubinden.

Erhaltungsschnitt: Der Rückschnitt kann bereits im Spätherbst oder im zeitigen Frühjahr durchgeführt werden, wenn die Knospen zu schwellen beginnen. Schneiden Sie alle kräftigen Triebe auf ein Augenpaar etwa 15–30 cm über dem Boden zurück. Entfernen Sie alle abgestorbenen Triebe, die keine Knospen aufweisen, sowie alle schwachen und beschädigten Zweige.

Verjüngungsschnitt: Da die Pflanzen ohnehin alljährlich bis knapp über dem Boden zurückgeschnitten werden und die Pflanzen sich aus

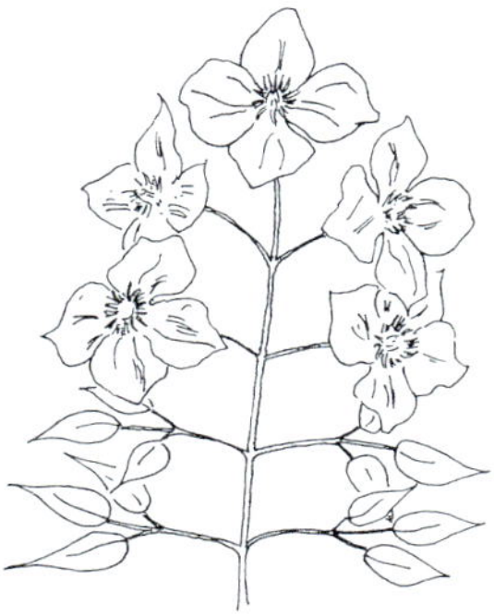

jungen Basistrieben regenerieren, erübrigt sich ein Verjüngungsschnitt.

Besondere Hinweise: *Clematis viticella* und andere Wildformen der Waldrebe sind nicht anfällig für die Clematis-Welke!

Schnittzeitpunkt: Spätherbst oder zeitiges Frühjahr.

Weitere Arten: Die Vertreter aus der Gruppe der Gold-Waldreben (z.B. Clematis 'Golden Tiara') sollten hier ebenfalls genannt werden. Sie sind allerdings starkwüchsig und überaus reichblühend. Ihre Besonderheit: Sie schmücken sich bereits ab dem Frühsommer mit leuchtend gelben, breit glockenförmigen Blüten gefolgt von einem überaus attraktiven silbrigen Fruchtschmuck. Man kann sie ebenso wie die Italienische Waldrebe im Spätherbst oder zeitigen Frühjahr bis etwa 20–30 cm über dem Boden zurückschneiden. Bis zum Sommer, also zur Blütezeit, regenerieren sie sich vollständig und blühen verlässlich.

Links: Bei der Italienischen Waldrebe und ihren Sorten erfolgt die Blütenbildung ausschließlich an den diesjährigen, neugebildeten Langtrieben.

Rechts: Die Pflanzen werden entweder bereits im Spätherbst oder im zeitigen Frühjahr stark zurückgeschnitten. Man kann auf etwa 30 cm über dem Boden auf kräftige Augen schneiden oder belässt ein niedriges Gerüst aus den stärksten Trieben, schneidet aber alles Übrige weg.

III–IV

Weide, Hänge-Kätzchen-

Salix caprea 'Pendula', Syn. *Salix caprea* 'Kilmarnock'

Beschreibung: Hänge-Kätzchen-Weiden sind beliebte Gehölze für Vorgärten und kleine Gärten, weil sie bei geringem Platzbedarf und auffälliger Wuchsform dennoch attraktive Blüten aufweisen. Meist sind es hochstämmig veredelte, kleinkronige Bäumchen mit bis zum Boden schleppenförmig herabhängenden Zweigen. Im März/April zieren dichtstehende, entlang der vorjährigen Triebe sitzende, goldgelbe Blütenkätzchen diesen Zierstrauch. Die Sorte 'Kilmarnock' stellt die männliche Form der Hänge-Kätzchen-Weide dar.
Die Pflanzen sind in der Regel in Kronenhöhe, die von etwa 1,5–2,5 m variieren kann, veredelt. Hänge-Kätzchen-Weiden sind kurzlebige Ziersträucher, die sehr schnell vergreisen, wenn sie nicht regelmäßig geschnitten werden.

Erziehungsschnitt: Ein Pflanzschnitt ist nicht notwendig, da die Pflanze meist im Container gehandelt und im blühenden Zustand gekauft wird. Beginnen Sie deshalb mit dem Schnitt, nachdem die Hänge-Kätzchen-Weide abgeblüht ist. Entfernen Sie alle schwachen Triebe und kürzen Sie die verbleibenden um zwei Drittel ein, damit sich ein kräftiges, gut verzweigtes Astgerüst entwickeln kann.

Erhaltungsschnitt: Ziel des Erhaltungsschnitts ist es, die Wuchsform und die Blühwilligkeit der Pflanze zu erhalten. Entfernen Sie zu diesem Zweck alljährlich nach dem Abblühen etwa die Hälfte der Triebe bis auf wenige Augen. Dadurch wird der neue Zuwachs angeregt, einen locker verzweigten Vorhang aus Zweigen bilden, die bis zum Ende der Vegetationsperiode bis zum Boden reichen. Dünnen Sie zuerst die Zweige aus der Krone aus, damit die Regenschirmform betont wird. Lichten Sie dann die äußersten Seitentriebe aus und kürzen Sie die verbleibenden Triebe auf ein nach außen weisendes Auge um

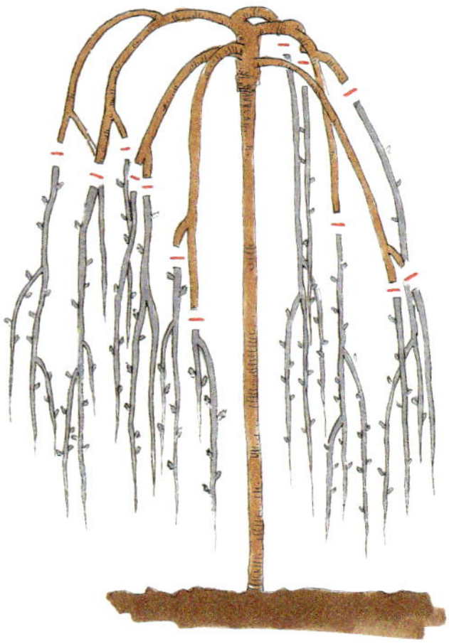

die Hälfte ein. An der Schnittstelle werden sich zwei bis drei Triebe entwickeln. Sie können alternativ auch alle Triebe bis auf wenige Knospen an der Basis zurückschneiden. In diesem Fall werden sich unverzweigte, lange Triebe entwickeln, die ebenfalls bis knapp über dem Boden reichen. Entfernen Sie auch regelmäßig unterhalb der Veredlungsstelle gewachsene Austriebe und Wurzelschösslinge!

Verjüngungsschnitt: Wenn die Hänge-Kätzchen-Weide über einen längeren Zeitraum nicht geschnitten wurde, dann entwickelt sich ein Wirrwarr von ineinander verschlungenen Zweigen. Bei derart vernachlässigten Pflanzen entfernen Sie nach dem Abblühen (oder besser bereits im Spätwinter vor dem Austrieb) alle dünnen Triebe und schneiden die restlichen bis knapp über der Veredlungsstelle zurück.

Besondere Hinweise: Im Gegensatz zu anderen Ziergehölz-Hängeformen ist bei der Hänge-Kätzchen- Weide ein Rückschnitt der Triebe nach der Blüte unumgänglich. Gelegentlich sterben die Pflanzen nach dem Blühen plötzlich ab (Schlagtreffen). Dafür ist ein Pilz verantwortlich, dessen Sporen durch die Blüten eindringen und dann die Leitungsbahnen verstopft. Die Pflanzen vertrocknen dann plötzlich, werden braun und treiben nicht mehr aus. Entfernen Sie diese Pflanzen gründlich und verbrennen sie diese (notfalls können Sie sie auch zerkleinern und mit dem Hausmüll entsorgen), um ein weiteres Ausbreiten der Pilzsporen zu verhindern. 'Weeping Sally' ist die weibliche Form der Hänge-Kätzchen-Weide. Sie blüht ebenfalls, aber ihre Blüten sind nicht ganz so attraktiv wie jene der männlichen Form ('Kilmarnock').

Schnittzeitpunkt: Rückschnitt und Auslichten nach der Blüte im späten Frühjahr.

Die abgeblühten Triebe der Hänge-Kätzchen-Weide werden stark eingekürzt, sie regenerieren sich nach dem Rückschnitt rasch und werden bis zum Herbst wieder bis zum Boden reichen. Die rechte Zeichnung zeigt die Pflanze nach erfolgtem Schnitt.

V–VIII

Weigelie, Liebliche

Weigela florida sowie Sorten von *Weigela*

Beschreibung: Weigelien sind mittelhohe, im Alter breit überhängende Sträucher von 2–3 m Höhe und Breite. Sie entwickeln sich breit trichterförmig und wachsen sowohl basiton als auch mesoton. Sie regenerieren sich folglich durch junge Triebe an der Basis, gleichzeitig bilden sich auch junge Zweige in den unteren und mittleren Triebabschnitten. Lässt man Weigelien über längere Zeit unbeschnitten, so verkahlen sie an der Basis und im Inneren der Sträucher, und nur mehr die äußeren Triebenden tragen Blätter und Blüten. Ein Erhaltungsschnitt ist dann nicht mehr möglich.

Die weißen, rosafarbenen oder roten Blüten mit ihren glockigen bis trichterförmigen Kronröhren sind etwa 2–3 cm lang. Sie sitzen in den Blattachseln der vorjährigen Triebe. Je nach Sorte erstreckt sich die Blütezeit der Weigelien von Ende Mai/Anfang Juni bis Juli, meist kann eine Nachblüte bis August beobachtet werden. Alle Pflanzen vertragen einen Schnitt gut und benötigen diesen auch, damit die Blühwilligkeit langfristig erhalten bleibt. Die Sträucher wachsen auf jedem normalen Gartenboden und stellen keine besonderen Standortansprüche.

Erziehungsschnitt: Entfernen Sie bei wurzelnackte Sträuchern alle schwachen Triebe ganz, die kräftigen kürzen Sie auch bei einer Frühjahrspflanzung etwa um die Hälfte ein. Dadurch verzichten Sie zwar auf die Blüte in der aktuellen Saison, dafür entwickeln sich die jungen Sträucher von Anfang an recht kräftig. Entfernen Sie bei Containerpflanzen nur schwach entwickelte und beschädigte Triebe.

Erhaltungsschnitt: Lassen Sie die Weigelien in den nächsten Jahren ungehindert wachsen, entfernen Sie nur abgeblühte Triebe. Bei etablierten Sträuchern schneiden Sie nach der Blüte im Frühsommer die abgeblühten Triebe jeweils auf kräftige Triebe unterhalb der abgeblühten

Bei der Weigelie sollten alle abgeblühten Triebe nach der Blüte auf tiefer liegende, kräftige Jungtriebe zurückgeschnitten werden. Das Detail (rechts) zeigt, wo der Rückschnitt durchgeführt werden sollte.

Zweige zurück. Damit das Verhältnis von jungen und reiferen Trieben ausgewogen bleibt, schneiden Sie auch den einen oder anderen älteren Trieb an der Basis heraus. Kürzen Sie überlange Triebe ein. Es reicht auch, wenn Sie diesen Schnitt alle zwei bis drei Jahre durchführen.

Verjüngungsschnitt: Weigelien lassen sich gut verjüngen. Schneiden Sie am besten bereits im Spätwinter alle Triebe bis zur Basis heraus. Dünnen Sie den neuen dichten Wuchs im Sommer aus, sodass wenige, aber kräftige Triebe den Strauch neu aufbauen. Wenn die Triebe sehr kräftig und lang sind, können Sie diese auch um ein Drittel oder die Hälfte einkürzen. Nach etwa zwei bis drei Jahren haben sich die Sträucher regeneriert, die natürliche Wuchsform ist wieder hergestellt und die Pflanzen blühen ebenso reich wie früher.

Besondere Hinweise: Für beengte Gartenräume, Pflanztröge und Dachgärten empfiehlt es sich, die neuen schwachwüchsigen Sorten ('Evita', 'Suzanne' oder 'Victoria') zu verwenden. Dadurch erübrigen sich in vielen Fällen größere Schnittmaßnahmen. Kürzen Sie bei Sorten mit panaschierten ('Nana Variegata') oder roten Blättern ('Purpurea') die Triebe etwas kräftiger ein, sodass sich kräftige, neue Triebe mit optimal gefärbten Blättern entwickeln können. Bei den Zwergformen können Sie ebenfalls die abgetragenen Blütenzweige geringfügig auf darunter befindliche kräftige Verzweigungen einkürzen.

Schnittzeitpunkt: Auslichtungsschnitt nach der Blüte im Juli, Verjüngungsschnitt im Spätwinter.

Infoplus

Was Sie noch wissen sollten über Wurzelausläufer, Wildtriebe, Schnittfehler und deren Korrektur.

Wurzelausläufer

Die meisten Sträucher entwickeln sich aus einem Trieb oder aus mehreren aus der Basis entspringenden Trieben und entwickeln eine breit aufrechte bis ausladende Pflanze mit schmaler Strauchbasis. Ausläufertreibende Gehölze wie die Strauchrosskastanie entwickelt mit ihren Wurzelausläufern einen schönen geschlossenen Pflanzenbestand. Beim Flieder sind Wurzelausläufer ebenfalls bekannt und auch erwünscht, aber nur dann, wenn es sich um wurzelechte (durch Stecklinge oder aus in vitro-Vermehrung hervorgegangene) Pflanzen oder um die Wildform handelt. Treten bei veredelten Sorten des Flieders (oft Edelflieder genannt) derartige Wurzelausläufer aus der Unterlage (dies ist die Wildform des Flieders) auf, so sind diese unerwünscht und müssen entfernt werden.

Bildung erwünschter Wurzelausläufer bei der Strauch-Rosskastanie.

Wildtriebe

Viele der Ziergehölze sind „veredelte“ Pflanzen. Sie sind aus zwei unterschiedlichen Pflanzenteilen, der Unterlage und der Edelsorte, zusammengesetzt. Bei den Ziergehölzen ist die Unterlage ebenfalls meist die Wildform oder eine nahe Verwandte der Art, während die darauf „veredelte“ Sorte, also der zweite Pflanzenteil, sich durch besonderen Blüten-, Blatt- oder Fruchtschmuck auszeichnet oder eine besondere Wuchsform darstellt. Gelegentlich ist dabei die Wuchsstärke der Unterlage größer als jene der darauf veredelten Sorte, sodass es zu einem Ungleichgewicht zwischen Unterlage und Edelsorte kommt. Als Folge dieses Ungleichgewichtes kann die Unterlage unterhalb der Veredlungsstelle „durchtreiben“, was natürlich nicht erwünscht ist.

Die so genannten „Wild- oder Unterlagentriebe“ können sich knapp über der Erdoberfläche bilden, in den meis-

Bildung von Wurzelausläufern beim Blutroten Hartriegel.

Durchtrieb der Unterlage: Bei veredelten Gehölzen wie der Korkenzieher-Hasel entwickeln sich an der Basis oft Triebe der Unterlage, die an deren Entstehungsstelle entfernt werden müssen. Nicht über dem Boden abschneiden!

Durchtrieb der Unterlage am Stamm unterhalb der Veredlungsstelle bei Kronenveredlungen am Beispiel der Japanischen Zier-Kirsche.

ten Fällen entspringen die Wildtriebe aber dem Wurzelbereich knapp unterhalb der Erdoberfläche. Sehr häufig ist dies bei der Korkenzieherhasel zu beobachten. Hier ist die Unterscheidung jedoch leicht möglich: Die Unterlage bildet gerade aufrechte Triebe, während die darauf veredelte Korkenzieherhasel die typisch stark gekrümmten Triebe aufweist. Die gerade wachsenden Wildtriebe sind sofort an der Stelle ihrer Bildung zu entfernen.

Rosen (mit Ausnahme der Wildrosen) sind nicht ganz winterhart und können mitsamt der Veredlungsstelle abfrieren, wenn sie nicht tief genug gepflanzt wurden. Bei der Pflanzung von Rosen müssen Sie unbedingt darauf achten, dass die deutlich sichtbare Veredlungsstelle etwa eine Handbreit unter der Erdoberfläche zu liegen kommt. Wildtriebe bei Rosen wachsen direkt neben der veredelten Pflanze aus dem Boden. Sie können sie leicht erkennen, denn ihre Blätter unterscheiden sich deutlich von jenen der Edelsorte. Diese Wildtriebe müssen Sie sofort an deren Entstehungsstelle entfernen. Wenn Sie die Wildtriebe einfach bodeneben abschneiden, dann werden diese doppelt so stark wieder durchtreiben!

Zierbäume, wie etwa Japanische Zierkirschen, werden oft in Kronenhöhe veredelt. In diesem Fall stammen sowohl das Wurzelsystem als auch der Stamm von der Unterlage, nur die Krone wird von der Edelsorte gebildet.

Erscheint bei veredelten Rosen neben der Pflanze ein meist kräftiger Trieb, dann treibt die Unterlage durch. Legen Sie die Austriebsstelle frei und reißen Sie den Wildtrieb ab.

Werden immer wieder nur die Triebspitzen eingekürzt, entwickelt sich der Strauch besenartig. Das Einkürzen, wie hier gezeigt, ist deshalb eine falsche Schnittmaßnahme.

Hier kommt es häufig vor, dass die Unterlage knapp unterhalb der Veredlungsstelle, also in Kronenhöhe, durchtreibt. Alles, was unterhalb der Veredlungsstelle austreibt, gehört zur Unterlage. Da die Triebe der Unterlage deutlich stärker wachsen und abweichende Blätter ausweisen, erkennt man sie leicht. Entfernen Sie diese sorgfältig an der Entstehungsstelle.

Schnittfehler und deren Korrektur

Ein häufiger Fehler beim Schnitt von Sträuchern ist das Einkürzen, wenn dies unabhängig von Art und Sorte durchgeführt wird. Der dadurch resultierende Besenwuchs sieht nicht nur unschön aus. Die Pflanzen blühen in der Regel auch kaum und verkahlen stark an der Basis.

Das Korrigieren derart zugeschnittener Sträucher ist zwar möglich, dazu sind aber mehrere Schritte nötig, die mehrere Jahre in Anspruch nehmen. Ist der Strauch noch durch mehrere dicke Triebe aufgebaut, entfernen Sie zuerst einen oder zwei der am stärksten vergreisten Triebe. Schneiden Sie gleichzeitig jeweils ein Viertel bis ein Drittel der besenartig entwickelten Triebe bei tiefer liegenden Verzweigungen heraus. Die übrigen Triebe mit besenartigem Wuchs an den Triebspitzen kürzen Sie nicht ein. Entfernen Sie von den dicht stehenden vorjährigen Trieben alle bis auf einen oder zwei an ihren Entstehungsstellen und kürzen Sie die verbleibenden nicht ein. Lassen Sie auch die jungen Triebe, die sich aus der Strauchbasis entwickeln, ungekürzt stehen. Geht man so in den folgenden drei bis vier Jahren vor und ersetzt sukzessive die alten Äste durch junge, dann erhält

Um bei einem besenartig wachsendenden Strauch wieder einen akzeptablen Habitus zu erhalten, muss dieser über einen Zeitraum von zwei bis drei Jahren erneuert werden.

So sieht ein vernachlässigter Strauch aus, wie er oft in Gärten anzutreffen ist.

Aus Unkenntnis wird ein derartig vernachlässigter Strauch oft gerade wie eine Hecke abgeschnitten oder radikal bis auf den Boden zurückgeschnitten. Beides ist falsch.

Mögliche Alternative zum radikalen Rückschnitt: Kürzen Sie möglichst die alten Triebe bei tiefer liegenden Verzweigungen so ein, dass der Habitus des Strauchs einigermaßen erhalten bleibt oder sich aus den gekürzten Trieben wieder leicht aufbauen lässt. Kürzen Sie an den verbliebenen Trieben alle langen Seitentriebe auf kurzes, möglichst junges Seitenholz ein. Lassen Sie die jungen Triebe an der Strauchbasis ungeschnitten, sie werden in einigen Jahren den Strauch neu aufbauen.

der Strauch wieder seine typische, natürliche Wuchsform.

Ein weiterer Fehler, den Gartenbesitzer oft machen, ist das Zurückschneiden der Sträucher mit einer Heckenschere und das gerade Abschneiden der Pflanzen mit der Schere wie bei einer Hecke, um sie niedrig zu halten. Mit diesem Schnitt wird jedoch der gegenteilige Effekt erzielt, da dadurch der Habitus völlig zerstört sowie die Bildung von Blütentrieben verhindert wird. Gleichzeitig reagieren die Sträucher mit einem noch stärkeren Austrieb.

Der radikale Rückschnitt der Pflanzen bis knapp über dem Boden ist ein weiterer Fehler. Dies geschieht entweder, weil die Pflanzen nie geschnitten wurden, deshalb überaltert sind und nun verjüngt werden sollen, oder weil die Pflanzen zu groß geworden sind. Bei diesem Rückschnitt werden alle Triebe auf 20–50 cm über dem Boden zurück geschnitten und die jungen Triebe, sofern vorhanden, meist ganz entfernt. Abgesehen davon, dass manche Pflanzen diese Rosskur überhaupt nicht vertragen, verursacht eine solche Behandlung den Gehölzen großen Stress. Weiterhin kommt es nur zu einer mangelhaften Verjüngung, weil die jungen Triebe wieder aus den überalterten, zurückgeschnittenen Trieben austreiben, das Altholz an der Basis also bestehen bleibt.

Ein Korrekturschnitt so geschnittener Gehölze ist kaum möglich. Die Alternative zu dem oben genannten unsachgemäßen Schnitt ist ein fachgerechter Verjüngungsschnitt. Dazu werden die ältesten zwei bis drei Äste bodennah entfernt. Die jungen, an der Strauchbasis gebildeten Triebe bleiben weitgehend unbeschnitten. Die übrigen verbliebenen alten Triebe werden auf eine darunter befindliche Verzweigung eingekürzt, wobei nach Möglichkeit die jüngeren, nach außen gerichteten Triebe erhalten bleiben sollen. Diese Schnitte werden in den folgenden zwei bis drei Jahren wiederholt, bis alle überalterten Triebe durch neue, kräftige Jungtriebe ersetzt sind. Auf diese Weise können die meisten Ziersträucher verjüngt und deren Größe reduziert werden.

Ein radikaler Verjüngungsschnitt sollte nur in Ausnahmefällen durchgeführt werden und ist nur bei Gehölzen mit stark basitoner Verzweigung, wie zum Beispiel bei der Hasel, erfolgreich.

Erkrankte und beschädigte Pflanzen

Neben dem Erhaltungsschnitt gibt es noch einige andere Situationen, die ein Eingreifen notwendig machen und Schnittmaßnahmen erfordern. Dies können durch Krankheiten oder Schadinsekten verursachte Schäden sein. Aber auch Wind, Schneedruck etc. führen oft dazu, dass Zweige und Äste abbrechen und Triebspitzen umgeknickt werden.

Infektionen durch Pilze

Während der Vegetationszeit kann bei Zierkirschen Triebwelke durch eine Pilzinfektion (*Monilia*) und bei Fächerahornen Zweigsterben (*Verticillium*-Pilz) auftreten. Schneiden Sie alle kranken und befallenen Triebe bis ins gesunde Holz (!) heraus. Um eine weitere Verbreitung dieser Pilzkrankheiten zu unterbinden, dürfen Sie das Schnittgut nicht auf den Kompost geben, sondern müssen es verbrennen! Sofern es sich nur um geringe Mengen Schnittgut handelt, können Sie dieses eventuell auch im Hausmüll entsorgen.

Triebsterben durch Pilzinfektionen kommen auch bei Nadelgehölzen wie Lebensbaum, Scheinzypresse oder Wacholder vor. Schneiden Sie die befallenen Triebe auch hier bis ins gesunde Holz zurück.

Die gefürchtete „Clematis-Welke" wird ebenfalls durch einen Pilz verursacht und tritt vorwiegend bei den großblumigen Hybriden auf. Dabei welken einzelne Triebe (manchmal sogar die ganze Pflanze) schlagartig oder innerhalb weniger Tage. Die befallenen Triebe regenerieren sich nicht mehr. Schneiden Sie die befallenen Triebe möglichst knapp über dem Boden ab. Wenn die ganze Pflanze befallen ist, schneiden Sie diese bodennah ab; sie wird aus den im Boden befindlichen Knospen wieder neu austreiben. Die kranken Triebe vernichten!

Rückmutationen

Sie treten besonders bei buntlaubigen Gehölzen und Zwergformen von Gehölzen auf, da diese Sorten durch „Mutationen" (genetische Veränderungen) entstanden sind. Manchmal „reparieren" Pflanzen diese Mutation (man spricht dann von „Rückmutation") von selbst. Dann kommt an einzelnen Knospen oder Trieben wieder die ursprüngliche Ausgangsform zum Vorschein und es können etwa beim weiß-

Entfernung von grünblättrigen Zweigen (Rückmutationen) beim buntlaubigen Eschen-Ahorn.

panaschierten Eschenahorn, dem weißpanaschierten Tatarischen Hartriegel oder manchen anderen rotlaubigen Gehölzen vereinzelt „grüne" Triebe auftreten. Diese wachsen wesentlich stärker als die Sorte und müssen sogleich entfernt werden. Sie würden die buntlaubige Sorte bald überwachsen und verdrängen.

Bei Kleinkoniferen wie der Zuckerhutfichte (*Picea glauca* 'Conica') wachsen einzelne Triebe aus der Pflanze heraus und sehen auch meist etwas anders aus. Hier hat sich wieder die ursprüngliche Schimmelfichte (*Picea glauca*) durchgesetzt. Diese Triebe müssen unbedingt entfernt werden.

Werden bei der Zuckerhutfichte die Nadeln stellenweise braun, so ist dies auf einen Befall von Spinnmilben (Rote Spinne) zurückzuführen. Diese Triebe sterben ab. Hier hilft auch ein Herausschneiden der befallenen Triebe nicht, denn die Pflanze kann sich nicht mehr regenerieren!

Schnittgruppen in der Übersicht

Seite		Schnittgruppe
34	Apfel, Zier- (*Malus* sp.)	1
40	Birke, Hänge- (*Betula pendula* 'Tristis')	1
50	Felsenbirne, Kupfer- (*Amelanchier lamarckii*)	1
54	Flieder, Gewöhnlicher (*Syringa vulgaris*)	1
66	Hasel, Gemeinde (*Corylus avellana*)	1
82	Perückenstrauch, Europäischer (*Cotinus coggygria*)	1
86	Quitte, Zier-, Scheinquitte (*Chaenomeles*)	1
94	Schönfrucht, Liebesperlenstrauch (*Callicarpa bodinieri*)	1
38	Berberitze, China-Sauerdorn (*Berberis julianae*)	2
44	Blauregen (*Wisteria floribunda*)	2
46	Deutzie, Maiblumenstrauch (*Deutzia*)	2
56	Forsythie, Garten- (*Forsythia × intermedia*)	2
60	Geißblatt, Wald- (*Lonicera periclymenum*)	2
62	Ginster, Besen- (*Cytisus scoparius*)	2
64	Hartriegel, Tatarischer (*Cornus alba*)	2
68	Hortensie, Garten- (*Hydrangea macrophylla*)	2
72	Johannisbeere, Blut- (*Ribes sanguineum*)	2
76	Kirsche, Lorbeer- (*Prunus laurocerasus*)	2
78	Kolkwitzie (*Kolkwitzia amabilis*)	2
80	Mandelbäumchen (*Prunus triloba*)	2
84	Pfeifenstrauch, Falscher Jasmin (*Philadelphus coronarius*)	2
88	Ranunkelstrauch, Kerrie (*Kerria japonica*)	2
90	Rhododendron, Catawba- (*Rhododenderon catawbiense*)	2
92	Schneeball, Gewöhnlicher (*Viburnum opulus*)	2
96	Sommerflieder, Schmalblättriger (*Buddleja alternifolia*)	2
100	Spierstrauch, Belgischer (*Spiraea × vanhouttei*)	2
106	Waldrebe, Großblumige (*Clematis*-Hybriden)	2
110	Weide, Hänge-Kätzchen- (*Salix caprea* 'Pendula')	2
112	Weigelie (*Weigela*)	2
36	Bartblume, Clandon- (*Caryopteris*)	3
42	Blauraute, Silber-Perovskie (*Perovskia atriplicifolia*)	3
48	Eibisch, Echter Rosen- (*Hibiscus syriacus*)	3
52	Fingerstrauch, Gewöhnlicher (*Potentilla fruticosa*)	3
58	Fuchsie, Scharlach- (*Fuchsia magellanica*)	3
70	Hortensie, Rispen- (*Hydrangea paniculata*)	3
74	Johanniskraut, Großblumiges (*Hypericum* 'Hidcote')	3
98	Sommerflieder, Schmetterlingsstrauch (*Buddleja davidii*)	3
102	Spierstrauch, Japanischer (*Spiraea japonica*)	3
104	Trompetenwinde (*Campsis radicans*)	3
108	Waldrebe, Italienische (*Clematis viticella*)	3

(x) bedeutet, dass die angeführte Schnittmaßnahme ebenfalls möglich ist.

Auslichten jährlicher Schnitt	Auslichten alle 2-3 Jahre	Einkürzen jährlicher Schnitt	Verjüngen	Kein Schnitt
	(x)			x
				x
	(x)			x
	(x)		x	x
	(x)		x	
	(x)	(x)	x	x
	(x)		x	x
	(x)			x
	(x)		x	
		2x	x	
x			x	
x			x	
x			x	
		x		
x	x	(x)	x	
(x)	x			
(x)		x		
	(x)		x	
x	x		x	
		x	x	
x			x	
x			x	
	(x)		x	
	x		x	
(x)	x		x	
(x)	x		x	
x		(x)	x	
		x	x	
x	(x)		x	
		x		
		x		
	(x)	x	x	
	x	x		
		x		
		x	x	
		x		
		x	(x)	
		x		
		x	x	
		x	x	

Schnittkalender

	JAN	FEB	MAR
Apfel, Zier- (*Malus* sp.)			
Bartblume, Clandon- (*Caryopteris × clandonensis*)			
Berberitze, China-Sauerdorn (*Berberis julianae*)			
Birke, Hänge- (*Betula pendula* 'Tristis')			
Blauraute, Silber-Perovskie (*Perovskia atriplicifolia*)			
Blauregen, Japanischer (*Wisteria floribunda*)			
Deutzie, Maiblumenstrauch (*Deutzia*)			
Eibisch, Echter Rosen- (*Hibiscus syriacus*)			
Felsenbirne, Kupfer- (*Amelanchier lamarckii*)			
Fingerstrauch, Gewöhnlicher (*Potentilla fruticosa*)			
Flieder, Gewöhnlicher (*Syringa vulgaris*)			
Forsythie, Garten- (*Forsythia × intermedia*)			
Fuchsie, Scharlach- (*Fuchsia magellanica*)			
Geißblatt, Wald- (*Lonicera periclymenum*)			
Ginster, Besen- (*Cytisus scoparius*)			
Hartriegel, Tatarischer (*Cornus alba*)			
Hasel, Gemeine (*Corylus avellana*)			
Hortensie, Garten- (*Hydrangea macrophylla*)			
Hortensie, Rispen- (*Hydrangea paniculata*)			
Johannisbeere, Blut- (*Ribes sanguineum*)			
Johanniskraut, Großblumiges (*Hypericum* 'Hidcote')			
Kirsche, Lorbeer- (*Prunus laurocerasus*)			
Kolkwitzie (*Kolkwitzia amabilis*)			
Mandelbäumchen (*Prunus triloba*)			
Perückenstrauch, Europäischer (*Cotinus coggygria*)			
Pfeifenstrauch, Falscher Jasmin (*Philadelphus coronarius*)			
Quitte, Zier-, Scheinquitte (*Chaenomeles*)			
Ranunkelstrauch, Kerrie (*Kerria japonica*)			
Rhododendron, Catawba- (*Rhododenderon catawbiense*)			
Schneeball, Gewöhnlicher (*Viburnum opulus*)			
Schönfrucht, Liebesperlenstrauch (*Callicarpa bodinieri*)			
Sommerflieder, Schmalblättriger (*Buddleja alternifolia*)			
Sommerflieder, Schmetterlingsstrauch (*Buddleja davidii*)			
Spierstrauch, Belgischer (*Spiraea × vanhouttei*)			
Spierstrauch, Japanischer (*Spiraea japonica*)			
Trompetenwinde (*Campsis radicans*)			
Waldrebe, Großblumige (*Clematis*-Hybriden)			
Waldrebe, Italienische (*Clematis viticella*)			
Weide, Hänge-Kätzchen- (*Salix caprea* 'Pendula')			
Weigelie (*Weigela*)			

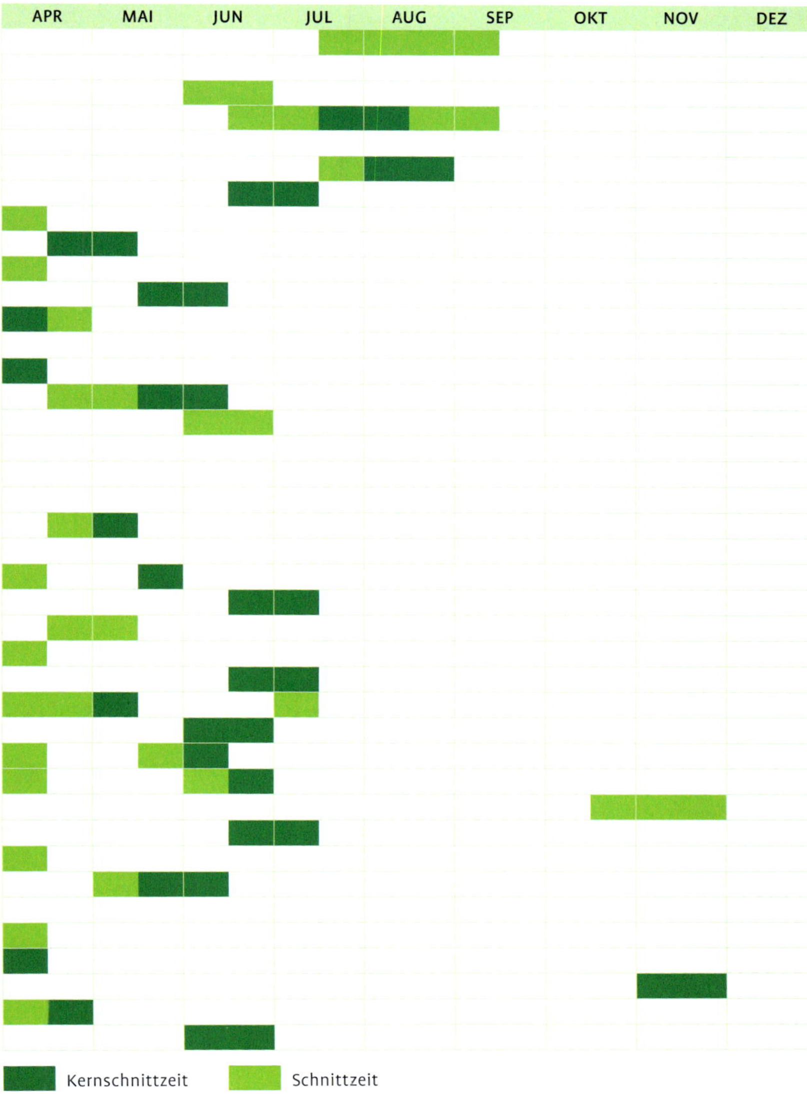
APR
MAI
JUN
JUL
AUG
SEP
OKT
NOV
DEZ
Kernschnittzeit
Schnittzeit

Literatur

BÄRTELS, A. & K. KAISER (2004): Clematis. Verlag Eugen Ulmer, Stuttgart

BELTZ, H. (2007): Taschenatlas Schnitt für Schnitt, Formgehölze schneiden. Verlag Eugen Ulmer, Stuttgart

BRICKELL, CH. & D. JOYCE (2003): Pflanzenschnitt und Formgebung. Dorling Kindersley Verlag GmbH, Starnberg

HAAS, H.-J. (2004): Pflanzenschnitt. Gräfe und Unzer Verlag GmbH, München

HÜBSCHER, H. (2009): Taschenatlas Schnitt für Schnitt, Rosen schneiden. Verlag Eugen Ulmer, Stuttgart

JOYCE, D. (1991): Das große Buch vom Pflanzenschneiden. Urania Verlag, London

KOCH, H. (1987): Gehölzschnitt. Verlag Eugen Ulmer, Stuttgart

PIRC, H. (2004): Bäume von A–Z. Verlag Eugen Ulmer, Stuttgart

PIRC, H. (2009): Wildobst und seltene Obstarten im Hausgarten. Leopold Stocker Verlag, Graz

PIRC, H. (2008): Alles über Gehölzschnitt. Verlag Eugen Ulmer, Stuttgart

PRAT, J.-Y. & D. RETOURNARD (2004): ABC des Gehölzschnittes. Bassermann Verlag, München

Bildquellen

MAURITIUS IMAGES/GAP: Titelbild unten
PIRC, Helmut: Titelbild oben
VITS, Anja: Seite 114
Alle übrigen Fotos stammen vom Autor.

Die Zeichnungen wurden von Inga Koch nach Vorgaben des Autors angefertigt.

Die in diesem Buch enthaltenen Empfehlungen und Angaben sind vom Autor mit größter Sorgfalt zusammengestellt und geprüft worden. Eine Garantie für die Richtigkeit der Angaben kann aber nicht gegeben werden. Autor und Verlag übernehmen keinerlei Haftung für Schäden und Unfälle.

Register

Bibliografische Information der Deutschen Nationalbibliothek
Die Deutsche Nationalbibliothek verzeichnet diese Publikation in der Deutschen Nationalbibliografie; detaillierte bibliografische Daten sind im Internet über http://dnb.d-nb.de abrufbar.

Das Werk einschließlich aller seiner Teile ist urheberrechtlich geschützt. Jede Verwertung außerhalb der engen Grenzen des Urheberrechtsgesetzes ist ohne Zustimmung des Verlages unzulässig und strafbar. Das gilt insbesondere für Vervielfältigungen, Übersetzungen, Mikroverfilmungen und die Einspeicherung und Verarbeitung in elektronischen Systemen.

© 2009 Eugen Ulmer KG
Wollgrasweg 41, 70599 Stuttgart (Hohenheim)
E-Mail: info@ulmer.de
Internet: www.ulmer.de
Lektorat: Bärbel Oftring, Doris Kowalzik
Herstellung: Silke Reuter
Umschlagentwurf: Atelier Reichert, Stuttgart
Satz: pagina GmbH, Tübingen
Druck und Bindung: Firmengruppe APPL, aprinta Druck, Wemding
Printed in Germany

ISBN 978-3-8001-5828-7